नए सिरे से चरित्र-निर्माण की ओर

सदियों का सयानापन

संक्षिप्त

जाति की सर्वश्रेष्ठ विरासत की अद्‌भुत देन

नए सिरे से चरित्र-निर्माण की ओर

सदियों का सयानापन
संक्षिप्त

जाति की सर्वश्रेष्ठ विरासत की अद्भुत देन

संपादन
लियो टॉल्सटॉय

भावानुवाद प्रस्तुति
संजीव शाह

हिंदी अनुवाद
वीरेंद्रनारायण सिंह

प्रभात पेपरबैक्स
www.prabhatbooks.com

प्रकाशक
प्रभात पेपरबैक्स
प्रभात प्रकाशन प्रा. लि. का उपक्रम
4/19 आसफ अली रोड, नई दिल्ली-110002
फोन : 23289777 • हेल्पलाइन नं. : 7827007777
इ-मेल : prabhatbooks@gmail.com ❖ वेब ठिकाना : www.prabhatbooks.com

संस्करण
प्रथम, 2022

सर्वाधिकार
सुरक्षित

———————— ★ ————————

SADIYON KA SYANAPAN
by Shri Sanjiv Shah

Published by PRABHAT PAPERBACKS
An imprint of Prabhat Prakashan Pvt. Ltd.
4/19 Asaf Ali Road, New Delhi-110002

ISBN 978-93-5521-150-7

अनुक्रम

पूर्व भूमिका	11
पुस्तक परिचय	13
प्रस्तावना : वाणी, आचरण एवं वत्सलता	15
पुरुषार्थ अर्पण : सत्य, महानता एवं आनंद	17
सदियों का सयानापन (संक्षिप्त)	18

जनवरी
बुद्धि, विचारशक्ति एवं अध्यात्म — 19
● बुद्धि (21) ● विचारशक्ति (26) ● अध्यात्म (31)

फरवरी
ज्ञान, विवेक एवं सच्ची शिक्षा — 33
● ज्ञान (35) ● विवेक (39) ● सच्ची शिक्षा (43)

मार्च
वासनाएँ, दुःख-पीड़ा एवं स्व-नियंत्रण — 53
● वासनाएँ (55) ● दुःख-पीड़ा (57) ● स्व-नियंत्रण (60)

अप्रैल
स्व-विकास, कठिनाइयाँ एवं संपूर्णता — 67
- स्व-विकास (69) • कठिनाइयाँ (77) • संपूर्णता (81)

मई
टोलाशाही, अंतरात्मा एवं आदर्श — 87
- टोलाशाही (89) • अंतरात्मा (93) • आदर्श (101)

जून
धन-संपत्ति, जीवन-शैली एवं शाकाहार — 103
- धन-संपत्ति (105) • जीवन-शैली (112) • शाकाहार (118)

जुलाई
क्रियाशीलता, सेवाभाव एवं जीवन-ध्येय — 123
- क्रियाशीलता (125) • सेवाभाव (130) • जीवन-ध्येय (132)

अगस्त
हिंसा, युद्ध एवं समाज-सुधार — 135
- हिंसा (137) • युद्ध (141) • समाज-सुधार (145)

सितंबर
प्रेम, संबंध एवं संवाद-कला — 153
- प्रेम (155) • संबंध (163) • संवाद-कला (172)

अक्तूबर
नम्रता, सदाचार एवं समझदारी — 175
- नम्रता (177) • सदाचार (183) • समझदारी (192)

नवंबर
ईश्वर, श्रद्धा और मानव-धर्म 197
• ईश्वर (199) • श्रद्धा (209) • मानव-धर्म (218)

दिसंबर
मृत्यु, आत्मा एवं जीवन-रहस्य 223
• मृत्यु (225) • आत्मा (233) • जीवन-रहस्य (238)

उपसंहार 246

स्तृफे, गुस्ताफ
डेकार्ट, रनी
इस्टर्न विज़डम एकिंसकी, डेनियल
आर्नोल्ड मैथ्यू, **ज्हॉ ले हुद आलंबेर**
एमिअल, हेन्री फ्रेडरिक
बेंथम, जेरमी, **अलेक्सान्द्र, अर्खान गेल्स्की**
ओरेलियस, मार्क्स, **बेकन फ्रांसिस** ऑगस्टीन सेंट
बुक ऑफ डिवाइन थॉट्स ब्लेक, हॉक ब्राउन, एडवर्ड
चीनी प्रज्ञान **बिस्मार्क, ओट्टो एडवर्ड लीअपोल्ड फोन**
मांटेस्क्यू, चार्ल्स द सेकंडाट, बाहोन द ला ब्राइड, कन्फ्यूशियस
चेनिंग, विलियम एलरी कार्पेंटर, एडवर्ड **एक्समन, एडवर्ड**
एलिअट, जॉर्ज क्रिसस्टम, सेंट जॉन, चिर्तकफ, ब्लाजिमिअर
विलमेइन, एबेल फ्रांसिस, कंसिडरेंट, विक्टर, **मिस्त्र का प्रज्ञान**
डेनियल, एकिंसकी सेम्युअल **एल गाफर, दाउद** कॉम्ट तालमुद द
डेमोस्थोनिस
जेनोफोन **एमरसन, राल्फ वाल्डो** **धम्मपद, बौद्ध प्रज्ञान**
सिसरो, मार्क्स तुलियस **विल्किंस जॉर्ज** **डुक्लोज, जीन फ्रांस, सूफी**
फ्लेमाह्युन, केमील **फेनोलन, फ्रांस्वा,** डिमोक्रिट्स, डेविडसन, रेंडल थॉमस
गाडर्युएन, हेन्री हाडर्युइन **फ्रेडरिक द्वितीय,** **एराजमस, डेसीडिअरिअस**
टेटीक्लिडीस मिशेल, द मोतेनिए **फ्रांस एने तोल जाक टीबो**
टेबल्स ऑफ द बॉबीड्ज ईरान का इसलाम पंथ **रेफाइज्की, जेनीजाद**
स्पेंसर, हर्बट स्पिनोजा बेनेडिक्ट्स बौद्ध बुद्धि,
सोक्रेटिस, वॉल्टेयर (फ्रांस्वा मारी आहुवे) सोलन
स्कोवरोडा, ग्रेगरी
थोरो, हेन्री डेविड
जोरोआस्टर
चेइत्स, एडमंड
सिलेसियस, एजेंलस
राबर्टसन, फ्रेडरिक विलियम
जीमरसन, योहान जॉर्ज रीटर फोन
थियोग्नीस
टॉक्कविल, एलिक्सिस, चार्ल्स हेन्री क्लिरेल द

बुद्ध

गोगल निकोलाई

लाम्मीने, एफ. रॉबर्ट डे

हर्बर्ट, एडवर्ड लाओन्त्से

लेस्सी गोटहोल्ड इफ्राइम ज्यॉर्ज हेन्री

हाइन हेन्रीक

गोल्डस्टेइन, मिखाइल गुटे योहान वोल्फगांग फोन

ला बुधेर जॉक द मार्टिन आल्फोंस मेरी लुइस द

हेरीक्लाइट्स, **लिशनबर्ग, जॉर्ज** कोसुत, लायोश,

गास्पल ऑफ श्री रामकृष्ण, द

मार्टिन सेइंट हर्जन, एलेक्जेंडर, **लूथर, मार्टिन** **मनु**

मेलोरी, लूसी, जेफर्सन, थॉमस होल्म्स, एलिवर विंडल पान

कुरान द **मार्मोटेल, जो फ्रांसिस मार्टिन्यु हेरिएट,** **मेनाडमस**

माइमोनिडीस रब्बी मोजेस बेन कामो थॉमस ए, **मिल्टन, जॉन**

युवेनालिस डेकिमस युनियस इंडियन विज़डम, खय्याम ओमर

इसलाम का प्रज्ञान, **लॉरोशकुकु, फ्रांस्वा रीस चार्ल्स छठा ड्यूक द**

मोहम्मद **मिसकेविज, आदम, हुसु, जो जेक, मोपासांट, गाय द**

कांट इमेनुअल **मेत्सिनी, जुझेप्पे,** जॉनसन सेम्युअल

मोक, गाल्स्टन, पेले, विलियम न्यूटन, हर्बट **पायथागोरस**

कॉर्लाइल, थॉमस पार्कर थियोडोर, **रामकृष्ण, श्री** **रस्किन, ज्हॉन**

सादी, मुस्लिह-उद-दिन पास्केल, ब्लेज **सैद-बेन-हामेद** प्लूटार्श

शिलर योहान क्रिस्टोफ फ्रिडरीश वॉन पर्शियन विज़डम

स्त्राखक, फ्योदर मोलिनारी, गुस्ताव दे **शोपेन हॉर, आर्थर**

ल्युक सेंट, कॉम्ब, एब्रहेम

लेटर्नो

ओपिक्टिटस

वावेनाग्ये, ल्युक द

स्माइल्स सेम्युअल

पब्लिलीयस, सायरस

सेनेका, ल्युसियस एनियस यंगर

वीनी, आल्फ्रेड विक्टर द **बारबर्टन, विलियम**

पिछली सदियों के इस प्रज्ञान

के स्त्रोतसमान

महानुभावों को

कृतज्ञतापूर्वक प्रणाम

पूर्व भूमिका

यह महान् रूसी उपन्यासकार टॉल्सटॉय का अंतिम सृजन था। उनका स्वप्न था ऐसी पुस्तक की रचना करना, जिसमें सदियों के सयानेपन का संकलन हो। सभी लेखक यह मानते हैं कि कोई एक ऐसी पुस्तक है, जिसे विश्व में लाने के लिए केवल वे ही पैदा हुए हैं। लियो टॉलस्टॉय के लिए यह वही पुस्तक थी। जीवन के अंतिम वर्षों में रचित इस पुस्तक को टॉलस्टॉय मानवता को अपना सबसे महत्त्वपूर्ण प्रदान मानते थे।

टॉल्सटॉय जैसे महान् लेखक के लिए भी, जो दैनिक ध्यान का माध्यम थी, उसका अनुवाद मेरे लिए भी इन वर्षों का सर्वोत्तम निजी अनुभव रहा। चुन-चुनकर, छान-छानकर, चख-चखकर एकत्र किए गए और प्रतिदिन के एक विषय पर वर्ष के 366 दिनों के लिए इन विचारों को टॉलस्टॉय ने गुलदस्ते की भाँति सजाया है। उन्होंने इन विचारों को अधिक सरल, अधिक सुपाच्य बनाकर हमें परोसा है। मानो इस पुस्तक द्वारा वे हमारे व्यक्तिगत आध्यात्मिक गुरु बन जाते हैं, ऐसा गुरु, जो स्वयं विश्वस्तर के अनेक धर्मों और महानुभावों का विनम्र शिष्य है। इससे बढ़कर दूसरा आशीर्वाद हमें क्या मिल सकता था, वह मेरी कल्पना के बाहर है।

'सदियों का सयानापन' टॉलस्टॉय की ओर से मानव जाति की सर्वश्रेष्ठ आध्यात्मिक विरासत की हमें अद्‍भुत भेंट है। उसमें विश्व के सभी धर्मों का सार है। सर्वोत्तम चिंतकों के श्रेष्ठतम विचार उसमें शामिल हैं। उसमें सैकड़ों महान् कृतियों का बहुमूल्य अर्क अक्षय है। विश्व की महान् विभूति टॉलस्टॉय की समर्थ लेखनी के माध्यम से हम बारहों महीने महामानवों के साथ सत्संग-संवाद कर सकते हैं।

~ संजीव शाह
sanjiv@oasismovement.in

पुस्तक परिचय

यहाँ संकलित विचारों को मैंने बहुसंख्यक कृतियों और संग्रहों से लिया है। कई जगह पर मैंने इन विचारों के अनुवाद सीधे उनके मूलस्रोत से नहीं किए हैं, परंतु मुझे जिन भाषाओं द्वारा उनकी जानकारी प्राप्त हुई, उनमें से किए हैं। इस कारण कई बार मेरे अनुवाद मूलस्रोत के पूर्णरूपेण अनुरूप न भी हों। मुझे लगता है कि उनके विचारों को परिमार्जित स्वरूप में व्यक्त करने में कुछ भी अनौचित्य नहीं है।

इनमें से कुछ विचार मूल से मेल न खाते हों, तो उसका दूसरा कारण यह है कि कभी-कभी वे विचार मैंने किसी लंबी तथा जटिल दलीलों में से लिये हों और इस कारण अभिव्यक्ति की स्पष्टता तथा संवादिता के लिए कुछ शब्द तथा शब्दसमूह बदलने पड़े हों, तो कभी कुछ विचारों को मैंने पूरी तरह से अपने ही शब्दों में व्यक्त किया हो। मैंने ऐसा इसलिए किया कि मेरी पुस्तक का उद्देश्य अन्य लेखकों के विचार सृजन का निश्चित, अक्षरशः अनुवाद करना नहीं है, परंतु विविध लेखकों की महान् फलदायी सृजना की बौद्धिक विरासत का उपयोग उसके विशाल वाचक वर्ग के समक्ष प्रस्तुत करना है।

~ लियो टॉलस्टॉय, 1908

विशेष

लियो टॉल्सटॉय की इस परंपरा को विनम्रतापूर्वक आगे बढ़ाकर, उनके विवेक-बोध के संचयन का संक्षिप्त संस्करण प्रस्तुत करते हुए मैं आनंद अनुभव कर रहा हूँ। समकालीन वाचकों को ध्यान में रखते हुए इस संचय को अत्यंत जहमत उठाकर और अधिक व्यवस्थित रूप में प्रस्तुत किया गया है। आशा है, इस संकलन को लोगों तक पहुँचाने में गुणज्ञ नागरिक सहायक बनेंगे।

~ संजीव शाह

प्रस्तावना

वाणी, आचरण एवं वत्सलता

जिनके पास कहने के लिए कुछ नहीं होता, ऐसे लोग सबसे अधिक बोलते हैं।

•••

समय बीतेगा, परंतु आप जिन शब्दों को उच्चारित करते हैं, वे रहेंगे।

•••

जब आपके शब्द आपके मौन से बेहतर हों, तभी बोलें।

•••

अपनी जीभ को अधिक बोलने से रोकना, यह महान् चरित्र की निशानी है।

यदि आप कुछ नहीं कर रहे हैं, तो उसका अर्थ यह है कि आप खराब चीजें कर रहे हैं।

•••

कुछ नुकसान करने की अपेक्षा, कुछ न करना अधिक अच्छा है।

•••

अनिष्ट का आचरण करनेवाला दूसरों को हानि पहुँचाने से पहले खुद को ही हानि पहुँचाता है।

•••

किसी कामकाज में व्यस्त न रहना पाप है।

जो व्यक्ति दूसरों का भला करता है, वह स्वयं को श्रेष्ठतम उपहार देता है।

•••

अनिष्ट का बदला अच्छाई से दें।

•••

ध्येय या हेतु जितना दूर हो, उतनी अधिक तीव्रगति में हमें उसकी ओर दौड़ना चाहिए।

•••

सभी बातों में अपनत्व का योग आवश्यक है।

दूसरे लोगों को बहुत सी बातों के लिए माफ करें,
परंतु अपने आपको किसी चीज के लिए भी माफ न करें।

•••

स्नेहिल बनने के लिए किसी भी व्यक्ति को वृद्ध होना पड़ता है;
ऐसी कोई भूल नहीं है, जो मैंने नहीं की है।

पुरुषार्थ अर्पण

महान् उपन्यासकार, कहानीकार, दार्शनिक एवं समाज सुधारक

लियो टॉलस्टॉय को

सत्य, महानता एवं आनंद

शंकाएँ सत्य का नाश नहीं करतीं, उसे और अधिक मजबूत बनाती हैं।

•••

सत्य को खोजें, वह चाहता ही है कि उसे खोजा जाए।

•••

आपकी अंतरात्मा की आवाज ही ईश्वर की आवाज है।

•••

एकमात्र स्पष्ट और अंतिम सत्य अंतरात्मा का सत्य है।

सबसे महान् सत्य सबसे सरल भी होता है।

•••

वाकई में सच्ची, अच्छी एवं महान् बातें हमेशा सरल होती हैं।

वास्तव में समझदार व्यक्ति हमेशा आनंदित रहता है।

•••

आनंद, निर्मल आनंद स्वयं अपने में ही एक सद्गुण है।

सदियों का सयानापन (संक्षिप्त)

"मैं यह नहीं समझ पाता हूँ कि विश्व के कुछ लोग,
इस पृथ्वी पर यदा-कदा जनमे सर्वश्रेष्ठ समझदार व्यक्तियों के साथ
संवाद किए बिना जी कैसे सकते हैं...
मैं प्रतिदिन खूब खुश होता हूँ, क्योंकि मैं यह पुस्तक पढ़ता हूँ।"

"जनसमुदाय के लिए, करोड़ों लोगों के लिए एक पुस्तक का सृजन करना...
ऐसा उपन्यास लिखने से अनेक गुना महत्त्वपूर्ण एवं फलदायी है,
जो धनाढ्य वर्ग के कुछ सदस्यों का ध्यान थोड़े समय के लिए
बहलाए और फिर भुला दिया जाए।"

"मैं आशा करता हूँ कि इस पुस्तक के
पाठकगण वैसी कल्याणकारी और प्रेरणादायी भावना का अनुभव कर सकेंगे,
जैसी मैंने इस पुस्तक की सृजन बेला में काम करते समय अनुभव की थी
और जिसे मैं प्रतिदिन पढ़ते समय पुनः-पुनः अनुभव करता हूँ,
जब मुझे पूर्व संस्करण को विस्तार करने या सुधारने के लिए
उस पर काम करता होता है।"

~ लियोटॉलस्टॉय

जनवरी

बुद्धि, विचारशक्ति एवं अध्यात्म

•••

नीतिमत्ता तथा बुद्धिमत्ता,
दोनों हमेशा सुमेल में होते हैं।

•••

महान् विचार सीधे हृदय से निकलकर आते हैं।

•••

एक संत हमेशा अपना आंतरिक जीवन जीता है;
वह बाह्य जीवन की उपेक्षा करता है।

•••

सच्चा धर्म बुद्धिमत्ता के विरोध में
हो ही नहीं सकता।

•••

•••

जो लोग अपनी बुद्धि की अवहेलना करते हैं, वे अपना जीवन बरबाद करते हैं और बाद में उलाहना देते हैं कि उनकी बुद्धि उन्हें रास्ता नहीं दिखाती।

•••

मनुष्य की बुद्धिमत्ता वह दिव्य दीप है,
जिसका प्रकाश वस्तुओं की गहराई में प्रवेश करता है।

•••

मात्र बुरे कर्म करना ही नहीं,
अपितु बुरी बातों का विचार करना भी पाप है।

•••

अपने विचारों की शुद्धि के लिए काम करें।
बुरे विचारों के बिना बुरे कार्य करने में आप असमर्थ हैं।

•••

ईश्वर ऐसा अनंत, असीम अस्तित्व है, जो मात्र सत्य ही स्वीकार करता है।

•••

वास्तव में जो बातें आध्यात्मिक हैं, वे ही यथार्थ हैं। जिन बातों को देख या अनुभव कर सकते हैं, वे केवल भ्रांतियाँ हैं।

बुद्धि

मनुष्य अन्य प्राणियों से अपनी बुद्धि के कारण ही अलग है। कुछ लोग उसे विकसित करने की कोशिश करते हैं और दूसरे उसकी ठीक उसी तरह अवगणना करते हैं, जैसे वे प्राणियों से उन्हें अलग करनेवाले गुणों की करते हैं।

•••

प्रत्येक जीव के पास संवेदना के लिए इंद्रियाँ होती हैं, जो उसे विश्व में उसका स्थान बताती हैं। मनुष्य की वह प्राथमिक इंद्री बुद्धि है। यदि विश्व में आपको अपने स्थान और अपने जीवन के अर्थ का पता न हो, तो जान लीजिए कि उसमें कोई दोष है; और यह दोष समाज-व्यवस्था या आपकी बुद्धि का नहीं, बल्कि आप अपनी बुद्धि का जिस तरह उपयोग करते हो, उसका है।

•••

यदि व्यक्ति में बुद्धि न हो तो वह अच्छे और बुरे के बीच भेद नहीं कर सकता है, इसलिए वह न तो अच्छाई की खोज कर सकता है, न ही उसे प्राप्त कर सकता है।

•••

अधिकांश मनुष्य अपने ध्यान-चिंतन के अनुसार नहीं, उनकी भावनाओं के सुसंगत नहीं, परंतु मानो सम्मोहित हो गए हैं, उस तरह किसी तर्कविहीन पैटर्न के पुनरावर्तन के आधार पर व्यवहार करते हैं।

•••

हम जो भी ज्ञान प्राप्त करते हैं, वह बुद्धि द्वारा ही पाते हैं। जो इस बात को नहीं मानते, जो कहते हैं, आपको अपनी बुद्धि का अनुसरण नहीं करना चाहिए, वे मुझे ऐसे लोगों की याद दिलाते हैं, जो अँधेरे में रास्ता दिखलाने वाली एकमात्र लालटेन को भी साइड में रख देने का सुझाव देते हैं।

•••

सभी बातों को सतर्कता से परखें; जो आपकी बुद्धि के साथ सुसंगत हों, उन्हीं को स्वीकार करें।

•••

अपनी जिंदगी में आपके पास अपनी शिक्षा में स्वविवेक का उपयोग कर सकने जितनी बहादुरी होनी चाहिए।

•••

बुद्ध ने कहा, "जीवन में ध्यान करते समय, बोलते समय, अध्ययन करते समय एक सर्वाधिक महत्त्वपूर्ण बात को मैं कभी नहीं भूलता—अपनी बुद्धि की आवश्यकता।"

•••

सभी लोगों में एक समान बुद्धि है और सारा कम्यूनिकेशन बुद्धि पर आधारित है; इस कारण प्रत्येक व्यक्ति को बुद्धि की जरूरतों का ध्यान रखना चाहिए।

•••

अपने मनोविकारों और दूसरों की भावनाओं के वशीभूत हम इस विश्व में मुक्त नहीं होते—इस हद तक कि हम अपनी बुद्धि की आवश्यकताओं को भूल जाते हैं। यदि हम वास्तव में मुक्त होना चाहते हैं, तो बुद्धि द्वारा ही हम वैसा कर सकते हैं।

•••

अपने आसपास देखो, दुनिया भर के लोग इसके बारे में क्या सोचते हैं? वे इस सबसे महत्त्वपूर्ण मुद्दे के सिवा, बाकी सबके बारे में विचार रखते हैं। वे नृत्य, संगीत और गायन के बारे में विचार रखते हैं; वे मकानों, धन-संपत्ति और सत्ता के विषय में सोचते हैं; वे राजाओं और धनवानों की धन-संपत्ति से ईर्ष्या करते हैं; किंतु मानव बनने का अर्थ क्या है, इस पर वे जरा-सा भी विचार नहीं करते।

•••

प्रत्येक व्यक्ति का एक मुख्य दायित्व यह है कि ईश्वर की ओर से उसे जो बुद्धिरूपी चिनगारी मिली है, उससे अपने आसपास के विश्व को प्रकाशित करे। इस विश्व में सबकुछ अंतत: दिव्य बुद्धि का ही प्रकटीकरण है।

• • •

बुद्धिमत्ता मनुष्य को मुक्त कर सकती है; जिस व्यक्ति का बौद्धिक जीवन जितना निम्न होगा, वह उतना ही कम मुक्त होगा।

• • •

ऐसा न मानो कि धर्म में आप अपनी बुद्धिमत्ता पर भरोसा नहीं कर सकेंगे। हमारी बुद्धि-शक्ति ऐसी होनी ही चाहिए, जो प्रत्येक सच्चे धर्म के मूल का समर्थन करे।

• • •

मनुष्य जाति का अस्तित्व जितने दीर्घ-काल तक रहता है, पूर्वग्रहों से वह उतना ही अधिक मुक्त होता जाता है तथा जीवन के संविधान को और अधिक स्पष्टता में समझ सकता है।

• • •

अपने भीतर आ रही अनेक आवाजों में से मैं यदि अपनी आत्मा की सच्ची आवाज पहचान सकूँ, तो मैं कभी भी भूल नहीं करूँगा और कभी भी अनिष्ट नहीं करूँगा। इसके लिए अपने 'स्व' को पहचानना आवश्यक है। यदि आपको ऐसा लगता हो कि आप अपनी आंतरिक इच्छा के अनुसार नहीं, बल्कि किसी बाह्य प्रभाव से परिचालित हो रहे हैं, तो रुकें और सोचें कि आपको परिचालित करनेवाला सत् है या असत्?

• • •

आपकी बुद्धि जिस तरह पुराकथाओं और दंतकथाओं पर प्रश्न उठाती है, उससे डरें नहीं। शुद्ध बुद्धि सत्य का रूपांतर किए बिना किसी का भी नाश नहीं कर सकती; यह उसके आवश्यक गुणों में से एक है।

• • •

हमें अपने दृष्टिकोणों को कभी भी बदलने के लिए तैयार रहना चाहिए, पूर्वग्रहों को केंचुल की तरह उतार फेंकना चाहिए और खुले, ग्रहणशील मन से जीना चाहिए। कोई नाविक अपनी पाल को सदैव एक ही तरह से रखे, पवन की दिशा बदलने के साथ पाल की स्थिति में परिवर्तन न करे, तो कभी भी अपने लक्ष्य समान किनारे (बंदरगाह) तक पहुँच नहीं सकता।

•••

मनुष्य के जीवन का उद्देश्य अपनी जिंदगी के अर्थहीन आधारों को तर्कसंगत, विवेक-बुद्धिसम्मत बनाना है। ऐसा करने के लिए दो बातें महत्त्वपूर्ण हैं—
1. समस्त तर्कहीन, बुद्धिमत्ता-विहीन बातों का निरीक्षण करके, उन पर चित्त को एकाग्र करके उनका अध्ययन करना।
2. तार्किक, बुद्धिमत्तापूर्ण जीवन की संभावनाओं को समझना। मनुष्य जाति के सभी धर्मोपदेशकों का उद्देश्य भी हमारे जीवन के अतार्किक तथा तार्किक आधारों को स्पष्ट करना ही था।

•••

हमारा युग टीका का युग है। धर्म और कायदा-कानून टीका से बचने का प्रयास करते हैं, धर्म यह कहकर कि वह स्वयं दिव्य है और कानून यह दिखलाकर कि वह स्वयं शक्तिशाली है। परंतु इन बचाव-प्रयुक्तियों से शंका अवश्य पैदा होती है, क्योंकि जो चीजें मुक्त तथा सार्वजनिक कसौटी के लिए तैयार हों, उनके लिए ही आदर हो सकता है।

•••

यदि आप किसी वस्तु का दुरुपयोग करें तो वह आपके जीवन में चाहे कितनी भी अधिक महत्त्वपूर्ण क्यों न हो, भविष्य के लिए वह उतनी ही ज्यादा हानिकारक हो सकती है। दुर्भाग्य और विपत्तियाँ महत् अंश में लोगों द्वारा अपनी जीवन-शैली के सर्वाधिक मूल्यवान साधनों के दुरुपयोग से आते हैं।

•••

बुद्धि जब दुर्गुणों और मनोविकारों की गुलाम तथा झूठों की समर्थक बनती है, तब केवल विकृति ही नहीं, एक बीमारी बन जाती है और फिर हम सच या झूठ के बीच, इष्ट या अनिष्ट के बीच, सद्गुण या दुर्गुण के बीच कोई फर्क नहीं देख पाते।

• • •

ईश्वर ने अपनी आत्मा, अपनी बुद्धिमत्ता हमें दी, ताकि हम उसकी इच्छा को समझ सकें और उसे परिपूर्ण कर सकें; किंतु हम उसका दुरुपयोग करते हैं और इस आत्मा को अपनी निजी इच्छाएँ पूरी करने के काम में लगा देते हैं।

• • •

बुद्धि का उद्देश्य सत्य को प्रकट करना है; इसलिए बौद्धिक प्रयासों द्वारा सत्य को विकृत करना हानिकारक भ्रांति है।

• • •

मनुष्य जब सत्यनिष्ठ होकर जीवन जीता है, उसी समय ही वह मुक्त होता है और सत्य केवल बुद्धि द्वारा ही समझा जा सकता है।

• • •

जब कोई व्यक्ति अपनी बुद्धि को इस प्रश्न पर आजमाता है—'इस विश्व में मेरा अस्तित्व क्यों है?' तो उसे चक्कर आ जाता है। मनुष्य की बुद्धि ऐसे प्रश्नों का उत्तर नहीं खोज सकती। इसका मतलब क्या है? इसका तात्पर्य यह होता है कि हमारी बुद्धि हमें इसके लिए नहीं दी गई है कि हम ऐसे प्रश्नों का हल ढूँढ़ सकें। हमारी बुद्धि उन्हीं प्रश्नों का उत्तर दे सकती है—'मुझे कैसे जीना चाहिए?' और इसका उत्तर सरल है—'हमें इस तरह जीना चाहिए, जिससे सभी लोगों का शुभ कर सकें।'

• • •

विचारशील मनुष्य की एक विशिष्ट लाक्षणिकता यह है कि वह अपनी नियति को स्वीकार करता है। उसके विपरीत, प्राणियों की विशिष्टता यह है कि वे नियति के साथ शर्मनाक रीति से संघर्ष करते हैं।

•••

समझदार बनने के लिए आपको अपनी बुद्धि का ही अनुसरण करना पड़ेगा, हालाँकि जीवन जीने के इस मार्ग पर अनेक बार निंदा का आक्रमण होता है।

•••

प्रेम लोगों को एक करता है। विश्वव्यापक बुद्धि, जो सबके लिए एक है, वह इस ऐक्य को आधार देती है।

•••

विचारशक्ति

किसी भी बात में परिवर्तन लाने के लिए वह—चाहे आपके अपने भीतर हो या दूसरों के—मनुष्य को घटनाएँ नहीं, परंतु जिन विचारों से वे घटनाएँ घटित हुई हैं, उनको बदलना होता है।

•••

जो विचार दुष्कर्मों को जन्म देते हैं, वे उन कर्मों की तुलना में ज्यादा बुरे होते हैं। आप कोई बुरा कर्म करना बंद कर सकते हो, उसका पश्चात्ताप कर सकते हो और उसका पुनरावर्तन टाल सकते हो। परंतु हीन विचार तो बार-बार घूम-फिरकर पुनरावर्तित होते रहते हैं और दुष्कर्मों को जन्म देते रहते हैं; बुरे विचार एक के बाद एक आते ही रहते हैं।

•••

विचार जीवन की बौद्धिक एवं आध्यात्मिक ऊर्जा हैं और अपनी गुणवत्ता के अनुरूप वे या तो अभिशाप अथवा आशीर्वाद बन सकते हैं।

•••

व्यक्ति जो भी सोचता है, भले उसे व्यक्त करे या न करे, उनमें से प्रत्येक उसकी जिंदगी को या तो हानि पहुँचाता है या सुधारता है।

•••

अच्छे विचार करें और आपके विचार सत्कर्मों में बदल जाएँगे। सभी बातों का आरंभ विचार से होता है। अपने विचारों को वहन करना, खुद को संपूर्ण बनने की ओर ले जाने की कुंजी जैसा है। यदि आपको अपने जीवन में कठिनाइयों का सामना करना पड़े, तो उसके लिए कर्मों को नहीं, उन विचारों की जाँच करें, जिनसे कर्म प्रेरित हुए हैं और उन विचारों को सुधारने का प्रयत्न करें। यदि आप अपने जीवन की किसी घटना से प्रेरित हुए हों, तो उसके उद्भव स्थल के लिए अपने उन पूर्व विचारों की जाँच करें, जिनके परिणामस्वरूप वह घटना हुई हो।

•••

हम पैसों से भरा पर्स खोकर अत्यंत अफसोस करते हैं, परंतु कोई उत्तम विचार हमारे पास आए, जिसे हमने सुना हो या पढ़ा हो, उस विचार को हमें याद रखना चाहिए था और उसे अपने जीवन में आजमाना चाहिए था, जिससे इस विश्व को सुधारा जा सका होता—उस विचार को हम खो देते हैं और उसके बारे में तुरंत भूल भी जाते हैं और वह लाखों-करोड़ों की तुलना में बहुमूल्य होने के बावजूद, उसके लिए हमें कोई अफसोस नहीं होता।

•••

जो यह सोचते हैं कि वे स्वयं होशियार हैं, उनमें जरा भी समझदारी नहीं है।

•••

हमारे विचार अच्छे हैं या बुरे, उसके आधार पर वे हमें स्वर्ग या नरक दिलवा सकते हैं और यह सब पृथ्वी के ऊपर आकाश में या पृथ्वी के नीचे (पाताल में) नहीं होता, बल्कि यहाँ पर, इसी जिंदगी में ही होता है।

•••

लोग अधिकतर जो दुष्कृत्य करते हैं, वे बुरी इच्छाओं के कारण नहीं, परंतु उन अनिष्ट विचारों के प्रसार का परिणाम हैं, जिसे लोग बिना कुछ जाँचे-परखे स्वीकार कर लेते हैं।

•••

कोई दीपक प्रकाश फैला सके, इसके लिए उसे ऐसी जगह पर रखना चाहिए, जहाँ पवन से उसकी रक्षा हो सके। यदि दीपक को पवन में रखेंगे तो वह लंबी थरथराती परछाईं पैदा करेगा। इसी तरह बुरे विचार आपकी आत्मा की शुभ्र सतह पर छाया डालेंगे।

•••

पापों को पराजित करने के लिए आपको यह स्वीकार करना चाहिए कि प्रत्येक पाप के मूल में एक बुरा विचार होता है। हम जो कुछ सोचते हैं, उनकी ही परिणामी घटनाएँ हम हैं।

•••

कदाचित् किसी के लिए किस विषय पर विचार करना है, उसकी अपेक्षा यह अधिक महत्त्वपूर्ण है कि उसे किस विषय पर विचार नहीं करना है।

•••

विचार सत्य को माल्यार्पण द्वारा स्वागत करने के समान है; इसी कारण ही बुरे विचार वे हैं, जिनको ठेठ अंत तक ले जाकर नहीं सोचा गया है।

•••

केवल उत्तम विचारों का सृजन करें और एक समय ऐसा आएगा ही, जब वे सत्कर्म बन जाएँगे।

•••

आपके मन में कोई बुरा विचार आए, तो आप उसे दूर हटा नहीं पाते, परंतु आप ऐसे दूसरे विचारों का सृजन कर सकते हैं, जो बुरे विचारों को कमजोर करें या उनका नाश करें। उदाहरण के लिए, मैं ऐसी कल्पना करूँ कि मेरे मित्र या पड़ोसी में कोई कमी है और इस विचार को मैं दूर नहीं भगा सकता। परंतु जब मैं ऐसे विचार पर ध्यान एकाग्र करूँ कि मैं खुद ही संपूर्ण नहीं हूँ, तो दूसरे की निंदा करना बुरी बात है और मेरे भीतर जो ईश्वर है, वह तो उसके अंदर भी है, तब उस व्यक्ति को प्रेम करने से मैं रुकूँगा नहीं।

•••

हम पक्षियों को अपने सिर के ऊपर उड़ने से रोक नहीं सकते, परंतु उन्हें अपने सिर पर घोंसला बनाने से अवश्य रोक सकते हैं। उसी तरह बुरे विचार कभी-कभी हमारे मन में आएँ, परंतु उन्हें वहाँ टिकने देना है या नहीं, उन्हें वहाँ घोंसला बनाने देना है या नहीं और वहाँ अनिष्ट कर्म को जन्म देने देना है या नहीं, वह हमारा चयन है।

•••

कोई विचार मुक्त एवं स्वतंत्र हो, ऐसा लगता है, परंतु मनुष्य के पास विचार की अपेक्षा अधिक शक्तिशाली कुछ होता है—कुछ ऐसा, जो हमारे विचारों को मार्ग दिखलाता है।

•••

अपने विचारों को निश्चित दिशा देना, हमारी स्वतंत्रता की सबसे महत्त्वपूर्ण एवं आवश्यक अभिव्यक्ति है।

•••

सदियों का सयानापन (संक्षिप्त) • 29

चाहे मनुष्य के निजी जीवन में हो या सामाजिक जीवन में, सभी घटनाओं के मूल विचार में निहित होते हैं। इसीलिए दूसरे लोगों और दूसरे समाजों को भलीभाँति समझने के लिए हमें पूर्व घटित घटनाओं से परे जाकर, जिन विचारों में से वे घटनाएँ जनमी हैं, उनको समझना पड़ेगा।

•••

भौतिक परिणाम अदृश्य परिबलों के आविर्भाव हैं; जो तोप का गोला हम पर गिरा, वह किसी अज्ञात तोप में से, अनजाने समय में छोड़ा गया था। उसी तरह, सभी महत्त्वपूर्ण घटनाएँ किसी एक विचार से जन्म लेती हैं।

•••

शक्तिशाली रीति से व्यक्त किए गए कतिपय शक्तिशाली विचार जीवन सुधारने में सहायक होते हैं।

•••

मनुष्यों के हृदय में उत्पन्न सुविचार अच्छे उदाहरणों जितने ही उपयोगी हैं। शब्दों में अभिव्यक्त सत्य लोगों के जीवन में अस्तित्व रखनेवाला सबसे शक्तिशाली बल है। हम उस बल को पूरी तरह समझ नहीं सकते, क्योंकि उसके परिणामस्वरूप होने वाली घटनाएँ तत्काल दिखाई नहीं देतीं।

•••

विवेकी लोगों के सद्विचारों का उपयोग करें, यदि आप वैसे ही विवेकपूर्ण विचारों का सृजन न कर सकते हों, तो कम-से-कम अपने और दूसरों द्वारा व्यक्त किए गए गलत विचारों का वितरण न करें।

•••

अध्यात्म

यदि आपकी आँखें सूर्य के प्रकाश से चौंधिया जाएँ, तो आप ऐसा नहीं कह सकते कि सूर्य का अस्तित्व ही नहीं है। उसी तरह ईश्वर को समझने में आपकी बुद्धि लकवाग्रस्त हो जाए, तो आपको ऐसा नहीं कहना चाहिए कि ईश्वर का अस्तित्व ही नहीं है।

• • •

बुद्धि एक ऐसा प्रकाश है, जो अर्द्धपारदर्शक काँच से आता है। मैं उसे देख सकता हूँ; हालाँकि मुझे पता नहीं है कि वह कहाँ से आ रहा है, मुझे पता है कि उसका अस्तित्व है ही। ईश्वर के लिए भी हमें ऐसा ही कह सकते हैं।

• • •

हम अपनी बुद्धि द्वारा ईश्वर के अस्तित्व को तभी समझ सकेंगे, जब हम उस पर अपने संपूर्ण अवलंबन को समझें—जब माता शिशु को गोद में उठाती है, तब नन्हे शिशु की समझ में जो आता है, वैसी ही संवेदना हमें भी होती है। शिशु को कुछ भी पता नहीं है कि उसे कौन खिलाता है, कौन प्रेम से रखता है, कौन उसका ध्यान रखता है, परंतु वह ऐसा समझता है कि कोई तो है ही, जो यह सब करता है; और वह भी जिस शक्ति के सहारे विश्रांति ले रहा है; उसके सामर्थ्य को प्रेम करता है।

• • •

ईश्वर में श्रद्धा रखें, उसकी सेवा करें, परंतु उसके सत्त्व को समझने की कोशिश न करें। आपको अपने कष्टदायक प्रयत्नों से निराशा और थकान के सिवा कुछ भी हाथ नहीं लगेगा। वास्तव में वह है या नहीं, यह खोज करने की भी कोशिश न करें; मान लें कि वह है ही। इस तरह उसकी सेवा करें, मानो वह सर्वत्र विद्यमान है। दूसरा कुछ भी जरूरी नहीं है।

• • •

हमें ऐसा लगता ही है कि जिनका अस्तित्व सर्वाधिक स्पष्ट दिखाई देता हो और जिन्हें समझा जा सके, वैसी ही वस्तुएँ हैं, परंतु ऐसा नहीं है। दूसरी वस्तुएँ भी हैं; अस्पष्ट, अनजानी, परस्पर विरोधी और जिनका अस्तित्व न हो, ऐसी भी।

•••

यदि ईश्वर की धारणा आपको स्पष्ट रूप से समझाई न गई हो तो चिंतातुर न बनें। उसे चाहे जितने स्पष्ट रूप से समझाया जाता है, वह सत्य और उसके मूलाधार से उतना ही दूर है।

•••

यदि हमारे धर्म की विषयवस्तु समान ईश्वर हमारी समझ से परे हो और आप उसे समझ ही न सकते हों, तो इसका यह अर्थ कदापि नहीं है कि आप उसको समझने में अपनी बुद्धिमत्ता का उपयोग ही न करें।

•••

सत्य को समझने के लिए आपको अपनी बुद्धिमत्ता को दबा नहीं देना चाहिए। इसके विपरीत, अपनी बुद्धि को शुद्ध करना चाहिए। हम संभवत: जिस किसी भी वस्तु की कसौटी कर सकते हों, उन सभी का बौद्धिक परीक्षण करना चाहिए।

•••

नैतिक आदर्श असंभव ध्येय हैं, परंतु उस तरफ गति करना ही मनुष्य के जीवन का सिद्धांत है।

•••

फरवरी

ज्ञान, विवेक एवं सच्ची शिक्षा

•••

ज्ञान साधन है,
कोई हेतु या ध्येय नहीं है।

•••

तर्क-वितर्क और चर्चा से जो ज्ञान प्राप्त होता है,
उस पर शंका नहीं करनी चाहिए।

•••

अपनी भूलों को स्वीकार न करने का अर्थ है,
उनको बढ़ावा देना।

•••

सबसे महान् ज्ञान 'स्व' के बारे में जानना है।

•••

•••

अज्ञान खुद न तो लज्जाजनक है, न ही नुकसानकारक ही। कोई व्यक्ति सबकुछ नहीं जान सकता। किंतु आप वाकई में जो नहीं जानते, उसे जानने का दंभ करना लज्जाजनक तथा नुकसानकारक दोनों है।

•••

आप जिस तरीके से भी अपना जीवन जी रहे हैं,
उसमें मार्गदर्शन दे सके, वही सबसे महत्त्वपूर्ण ज्ञान है।

•••

जो आप नहीं जानते, उसे स्वीकार करने में कभी भी शरम अनुभव न करें।

•••

सयाना व्यक्ति कौन है?—जो सदैव अध्ययन करता रहता है। शक्तिशाली कौन है? जो स्वयं को नियंत्रित कर सकता है। समृद्ध कौन है? अपने पास जो कुछ भी है, उससे खुश रह सकता है।

•••

होशियार व्यक्ति अधिक जानने के लिए अध्ययन करते हैं।
नालायक लोग, प्रख्यात होने के लिए अध्ययन करते हैं।

•••

जो आपकी समझ में नहीं आ रहा है, उसे समझने का दिखावा न करें।
वैसा करना सर्वाधिक निकृष्ट चीजों में से एक है।

•••

याद रखिए कि स्पर्धा भाव से आप कुछ भी अद्भुत नहीं कर सकेंगे; अहंकार से प्रेरित होकर आप कुछ भी उत्तम नहीं कर सकते।

ज्ञान

ज्ञान अनंत है। इस कारण, जो बहुत अधिक जानते हैं और जो बहुत कम जानते हैं, उनके बीच बहुत कम अंतर होता है।

•••

ज्ञान असीम है और सबसे बड़ा विद्वान् एवं शिक्षित व्यक्ति ऐसे ज्ञान से उतनी ही दूर है, जितना अशिक्षित व्यक्ति।

•••

हमारे पहले के अज्ञान की तुलना में मानव-जाति का ज्ञानसंग्रह मुझे चाहे जितना विशाल लगता हो, परंतु वह समस्त संभावित ज्ञान का असीम रूप से एक छोटा-सा भाग है।

•••

आपके ज्ञान की राशि महत्त्वपूर्ण नहीं है, महत्त्वपूर्ण है उसकी गुणवत्ता। आप सर्वाधिक महत्त्वपूर्ण बातों को जाने बिना अन्य अनेक बातें जान सकते हैं।

•••

सुकरात ने ऐसा विचार किया कि मूर्खता समझदारी के साथ सुसंगत नहीं है, परंतु उन्होंने ऐसा कभी नहीं कहा कि अज्ञान मूर्खता है।

•••

ज्ञान के अभाव से न डरें, खोटे ज्ञान से डरें। इस विश्व में सभी अनिष्ट खोटे ज्ञान से पैदा होते हैं।

•••

खोटे ज्ञान से सावधान रहें। सारे ही अनिष्ट उसके भीतर से ही जाते हैं।

•••

अज्ञान दो तरह का होता है; निर्दोष तथा नैसर्गिक अज्ञान, जिसे लेकर सभी जन्म लेते हैं और तथाकथित सयाने लोगों का अज्ञान। आप यह देख सकते हैं कि अपने आप को पंडित या विद्वान् गिनानेवालों में से बहुत से व्यक्ति वास्तविक जीवन जानते ही नहीं और वे भोले लोगों और सरल बातों का तिरस्कार करते हैं।

•••

जिनके पास सच्चा ज्ञान है, केवल वैसे ही लोग यह जानते हैं कि क्या करना चाहिए।

•••

सच्चा ज्ञान केवल एक ही है : वह, जो हमें मुक्त बनने में मदद करे। बाकी सभी तरह के ज्ञान केवल मनोरंजन हैं।

•••

यदि आप भूखे न हों तो खाना हानिकारक है। इच्छा न होने पर भी सेक्स का उपभोग उससे भी खराब है। परंतु उससे भी बदतर है, न चाहते हुए भी विचार करने की कोशिश करना अथवा किसी निरर्थक बौद्धिक प्रवृत्ति में शामिल होना। बहुत से लोग अपनी परिस्थिति को सुधारना चाहते हैं, तब ऐसा करते हैं।

•••

वाद-विवाद एवं चर्चाएँ सत्य को उजागर करने के बजाय अधिकतर उसे छुपाती हैं। एकांत में ही सच्चे सत्य का रहस्य स्फोट होता है। जब सत्य प्रकट होता है, उस समय आपको यह स्पष्ट हो जाता है कि आप उसे बिना किसी तर्क या चर्चा के स्वीकार कर सकेंगे।

•••

आपको दलीलों से दूर रहना चाहिए। लोगों को सहमत करने के लिए यह अतार्किक मार्ग है। अभिप्राय कील के समान है—जितनी अधिक ताकत से आप ठोकेंगे, उतनी अधिक अंदर जाने वाली है।

•••

यदि आप एकांतवास में हों, तो अपने खुद के दुष्कृत्यों के विषय में विचार करें; यदि आप समाज में रहते हों, तो दूसरे लोगों के दुष्कृत्यों को भूल जाएँ।

•••

आप बोलने के लिए जितना अधिक तत्पर हैं, उतनी ही प्रबल संभावना है कि आप कुछ मूर्खतापूर्ण बोलेंगे।

•••

दलील करते समय यह जानने के बावजूद कि वह सच्चा है, जो मौन रह सकता है, वाकई में वह शक्तिशाली है।

•••

जो व्यक्ति अत्यंत अल्पज्ञ है, उसे बोलना बहुत प्रिय होता है और जो वाकई में ज्ञानी है, वह अधिकतर मौन रहता है। ऐसा इसलिए होता है कि जो व्यक्ति कम जानता है, वह इस तरह सोचता है कि वह जो जानता है, वह सब महत्त्वपूर्ण है और वह सब कहना चाहता है। जो व्यक्ति अधिक जानता है, वह यह भी जानता है कि अभी बहुत कुछ ऐसा है, जो वह नहीं जानता, इसलिए वह तभी बोलता है, जब वाकई में बोलना जरूरी हो और जब तक उससे प्रश्न न पूछा जाए, तब तक वह अपना मौन सुरक्षित रखता है।

•••

'विद्वान्' की उपाधि ऐसा सूचित करती है कि व्यक्ति पाठशाला में गया है और उसने अध्ययन किया है, परंतु इसका अर्थ ऐसा नहीं होता कि वाकई में उसने कोई महत्त्वपूर्ण ज्ञान प्राप्त किया है।

•••

ऐसा विद्वान् जो केवल विचार करता है, परंतु कुछ सृजन नहीं करता, वह ऐसे बादल जैसा है, जो बरसता नहीं।

•••

अस्पष्ट तथा जटिल शब्द-प्रयोग झूठे विद्वानों द्वारा पैदा किए गए हैं। सच्चे तथा वास्तविक ज्ञान को अस्पष्ट भाषा की आवश्यकता नहीं होती।

•••

जो लोग ऐसा मानते हैं कि जीवन की सर्वाधिक महत्त्वपूर्ण बात ज्ञान है, वे मुझे ऐसे पतंगे की याद दिलाते हैं, जो मोमबत्ती की लौ में कूदता है और ऐसा करके वह स्वयं को जलाता है तथा प्रकाश को बुझा देता है।

•••

केवल स्मृति द्वारा नहीं, बल्कि बुद्धि के पुरुषार्थ द्वारा जो ज्ञान हम संपादित करते हैं, वही खरा ज्ञान है।

•••

लोग गलत रीति से ऐसा सोचते हैं कि बहुत सी बातों का ज्ञान ही सच्चरित्रता है। वाकई में तो ज्ञान की राशि नहीं, उसकी गुणवत्ता महत्त्वपूर्ण है।

•••

जिस तरह अंध व्यक्ति जब तक देख न सके, तब तक अंधकार की कल्पना नहीं कर सकता, उसी तरह हम अपने अज्ञान की सीमा को देख नहीं सकते।

•••

जिन्हें वाकई में भयंकर कही जा सकनेवाली बातों का डर नहीं होता, वे खोटे उदाहरणों का अनुसरण करते हैं और फिर वे लोग विनाश के मार्ग का ही अनुसरण करते हैं।

•••

विवेक

विज्ञान को अनगिनत शाखाओं में विभाजित किया जा सकता है और प्रत्येक शाखा में जो ज्ञान प्राप्त किया जा सकता है, वह अनंत है। इसलिए सबसे विशेष महत्त्वपूर्ण ज्ञान यह है कि सीखने के लिए कौन-सा ज्ञान आवश्यक है, कौन-सा नहीं।

• • •

वर्तमान में विपुल मात्रा में ज्ञान का संग्रह किया जा रहा है। ज्ञान एकत्रीकरण की हमारी ये क्षमताएँ अत्यंत तेजी से क्षीण हो जाने वाली हैं और हमारा जीवन भी इसके लिए बहुत अल्प है। हमारे पास ज्ञान का विपुल भंडार उपलब्ध है, परंतु उनका अध्ययन करने के बाद हम उसके अधिकांश का जरा भी उपयोग नहीं करते। यह बोझ, यह अनावश्यक ज्ञान, जिसका हमारे लिए कोई उपयोग नहीं है, वह न हो वही, अच्छा है।

• • •

बहुत छोटी उम्र में महाभुक्खड़ की तरह शुरू किया गया वाचन हमारे मन को बिना पची हुई सामग्री से भर देता है। फिर तो स्मृति ही हमारी भावनाओं और हमारी नियति की स्वामिनी बन जाती है। ऐसा हो, तब पुन: अपनी मूल निर्दोषिता को सुदृढ़ करने, अपरिचित विचारों और दृष्टिकोणों के धूल खाते अटाले में अपने 'स्व' को पुन: सुनने के लिए अत्यंत सबल मानसिक पुरुषार्थ की आवश्यकता पड़ती है—हम पुन: अपने स्व का अनुभव कर सकें और अपनी निजी जिंदगी जी सकें, इसके लिए ऐसे भगीरथ पुरुषार्थ की जरूरत पड़ती है, वैसा भी मैं कहना चाहता हूँ।

• • •

आवश्यकता से अधिक जानने की तुलना में आवश्यकता से कम जानना बेहतर है। ज्ञान के अभाव से न डरें, परंतु केवल मिथ्या बातों को तुष्ट करने के लिए संग्रह किए गए अनावश्यक ज्ञान से अवश्य डरें।

• • •

सभी बातों के विषय में ज्ञान सच्ची समझदारी नहीं है। जीवन में किन विषयों का ज्ञान अत्यावश्यक है, किनका कम आवश्यक है और किनका बिल्कुल अनावश्यक है, उसका ज्ञान ही सच्ची समझदारी है। सबसे अधिक जरूरी ज्ञानवाली बातों में, जीवन किस तरह उत्तम रीति से जीना है, इस विषय का ज्ञान सिरमौर है। अपने जीवन में हो सके, उतना कम अनिष्ट और संभव हो, उतने अधिक शुभ का सृजन करने का ज्ञान आवश्यक है। वर्तमान में तो लोग निरुपयोगी विज्ञानों का अध्ययन करते हैं, परंतु इस सबसे महत्त्वपूर्ण ज्ञान का अध्ययन करना भूल जाते हैं।

•••

यदि सभी ज्ञान उत्तम होते तो प्रत्येक प्रकार का ज्ञान पाने की प्रवृत्ति उपयोगी होती, परंतु बहुत से निरर्थक ध्यान-चिंतन-मनन को उत्तम एवं उपयोगी ज्ञान के रूप में छद्मवेश पहनाया जाता है; इसलिए आप जो ज्ञान प्राप्त करना चाहते हो, उसके लिए में कड़ी सतर्कता रखें।

•••

जीवन का उद्देश्य ईश्वर के नियम को परिपूर्ण करना है, अधिकाधिक ज्ञान प्राप्त करना नहीं।

•••

मैं जितना अधिक जानूँ, उतनी अधिक बातें मुझे परिपूर्ण करनी चाहिए।

•••

कोई भी विचार आपके जीवन को सही दिशा की ओर गति तभी दे सकता है, जब वह आपकी अंतरात्मा द्वारा पूछे गए प्रश्नों का उत्तर हो। आपने दूसरे किसी के पास से विचार उधार लिया हो तथा आपके मन एवं स्मृति ने उसे स्वीकार कर लिया हो, तो वह विचार आपके जीवन पर कोई विशेष प्रभाव डाल सकने में समर्थ नहीं होता—वास्तव में तो वह आपको गलत दिशा में भी ले जा सकता है।

•••

हमें जो सिखलाया गया था, उसे जब हम भूल जाएँ, उसके बाद ही हम सच्चा ज्ञान प्राप्त करने की शुरुआत करते हैं।

•••

ढेर सारे अनावश्यक विज्ञान सीखने की अपेक्षा जीवन से जुड़े कुछ मूलभूत सिद्धांत जानना अधिक हितकारी है। जीवन के ऐसे मुख्य सिद्धांत आपको अनिष्ट की ओर जाने से रोकेंगे और जीवन में सही राह दिखाएँगे। जबकि बहुत से अनावश्यक विज्ञानों के ज्ञान आपको ललचाकर, घमंड की ओर खींचेंगे और वे अंतत: आपको जीवन के मूलभूत सिद्धांतों को समझने से रोकेंगे।

•••

बहुत अधिक वाचन आपकी वैचारिक स्वतंत्रता के लिए हानिकारक है। विद्वानों में जिन सबसे महान् विचारकों से मैं मिला हूँ, वे ऐसे लोग हैं, जो ढेर सारा वाचन नहीं करते।

•••

तीन प्रकार के मनुष्य होते हैं। पहले ऐसे मनुष्य, जो किसी को नहीं मानते; दूसरे, ऐसे लोग होते हैं, जो उसी सीख-ज्ञान को मानते हैं, जो उनके पालन-पोषण के दौरान उन्हें दिए गए हों। तीसरे ऐसे लोग होते हैं, जो ऐसी बातों को मानते हैं, जिनको वे अपने दिल से समझ सकते हैं और इस अंतिम समूह के लोग सर्वाधिक समझदार और सर्वाधिक दृढ़निश्चयी होते हैं।

•••

आपको और अधिक अध्ययन करना चाहिए, तब आप समझ सकेंगे कि आप कितना अल्प जानते हैं!

•••

किसी साधु को ज्ञान के अभाव का डर नहीं होता: वह ठिठकने या निरंतर कठोर परिश्रम से नहीं डरता, वह केवल एक ही वस्तु से डरता है, जो बातें वह नहीं जानता, उसे जानने का ढोंग करने से।

•••

असल समझदारी यह जानने में नहीं है कि अच्छा क्या है और क्या करना चाहिए, बल्कि बेहतर क्या है और बदतर क्या है, इस बात में है और इसलिए अभी क्या करना चाहिए और बाद में क्या करना चाहिए, वह जानने में ही असल समझदारी है।

•••

समझदार बनने के लिए व्यक्ति को अच्छे व बुरे विचारों तथा कर्मों दोनों का अध्ययन करना चाहिए, परंतु व्यक्ति को बुरे का अध्ययन पहले करना चाहिए। आपको पहले यह जानना चाहिए कि किसमें चालाकी नहीं है, क्या न्यायसंगत नहीं है और क्या करना जरूरी नहीं है।

•••

सबसे स्पष्ट और सरल बातें लगभग सदैव कृत्रिम एवं भ्रामक ध्यान-चिंतन द्वारा नहीं समझी जा पातीं।

•••

कई बार अत्यंत सीधे-सादे और कम पढ़े-लिखे लोग जीवन के अर्थ को सरलता से, सहज रूप में समझते होते हैं, जबकि अत्यंत विद्वान् लोगों में यह क्षमता नहीं होती, क्योंकि वे सभी लोगों पर लागू होने वाली सरल बातों को समझ सकने के लिए बहुत ज्यादा पढ़े-लिखे होते हैं।

•••

यदि आप अनुकरणीय उदाहरण खोज रहे हों तो आपको उसे सीधे-सादे, नम्र मनुष्यों में ढूँढ़ना चाहिए। सच्ची महानता उन्हीं लोगों में है, जो अपना विज्ञापन नहीं करते और जो खुद को महान् नहीं समझते।

•••

हमें जीवन में छोटी-छोटी बातों से संतुष्ट रहना चाहिए। हमें जितना कम चाहिए, हमें उतनी कम कठिनाइयाँ होती हैं।

•••

बड़ी खुशी इस बात में है कि आप जो चाहते हैं, वह आपको मिले; परंतु उससे भी बड़ी खुशी यह है कि जो आपके पास है, आप उससे अधिक की कामना न करें।

•••

प्रकृति बहुत कम चीजें माँगती है, पर आपकी कल्पना बहुत अधिक माँगती है।

•••

~ सच्ची शिक्षा ~

जिस ज्ञान को अब हम विज्ञान के रूप में स्वीकार करते हैं, वह मनुष्य जीवन के श्रेय को समर्थन देने की अपेक्षा उसमें हस्तक्षेप अधिक करता है।

•••

एस्ट्रोनॉमी, मैकेनिक्स, फिजिक्स, केमिस्ट्री और अन्य सभी विज्ञान अलग-अलग तथा एकसाथ जीवन के निश्चित पहलुओं का अध्ययन करते हैं, परंतु मानव जाति के आध्यात्मिक जीवन के लिए वे किसी निष्कर्ष पर नहीं आ पाते।

•••

हमारा ज्ञान चाहे कितना भी महान् क्यों न हो, वह हमें अपने इस जीवन के मुख्य उद्देश्य—हमारी नैतिक सर्वोत्कृष्टता को परिपूर्ण करने में मदद नहीं कर सकता।

•••

वाचन कम करें, अभ्यास कम करें, पर चिंतन अधिक करें। अपने शिक्षकों के पास से और जो पुस्तकें आप पढ़ते हैं, उनमें से असल में आपको जिसकी जरूरत है और वाकई में आप जो जानने की इच्छा रखते है, उन्हीं बातों को सीखें।

•••

लोग बहुत कम जानते हैं, क्योंकि वे ऐसी बातों को समझने का प्रयास करते हैं, जिसे समझना उनके लिए संभव नहीं होता—ईश्वर, शाश्वतता, आत्मा अथवा ऐसी बातें, जो विचारने योग्य नहीं होतीं—पानी किस तरह जम जाता है, आँकड़ों की कोई नई थ्योरी या वायरस से बीमारियाँ किस तरह फैलती हैं। अपना जीवन कैसे जीना है, वही सच्चा ज्ञान है।

•••

सुकरात अपने शिष्यों से कहते थे कि शिक्षण की समग्र सारी व्यवस्थाओं में आपको एक निश्चित सीमा के बाहर नहीं जाना चाहिए। उन्होंने समझाया कि आपको जब जमीन बेचनी या खरीदनी हो, तब भूमिति में जमीन की माप किस तरह करनी है, इतना जानना पर्याप्त है; या फिर वर्षा का वितरण किस तरह करना, कार्यकर्ताओं में कार्य का विभाजन किस तरह करना, इतना जानना ही पर्याप्त है। उन्हें आधुनिक विज्ञान की सभी शाखाओं का ज्ञान था, परंतु वह उन्हें पसंद न था। उनका कहना ऐसा था कि इन सभी कृत्रिम भ्रमजाल वाले ज्ञान के लिए विद्यार्थी को अतिरिक्त श्रम करना पड़ता है और वैसा करने में उस विद्यार्थी द्वारा की जाने योग्य सबसे मूलभूत और सबसे महत्त्वपूर्ण अध्ययन प्रवृत्ति—नैतिक सर्वोत्कृष्टता के लिए समय कम हो जाता है।

•••

मुझे ऐसा लगता है कि प्रत्येक माता-पिता एवं शिक्षाविद् का मुख्य कर्तव्य, बालकों के अंदर अस्तित्व रखनेवाले उनके दिव्य स्रोत की समझ देना है।

•••

बालकों का पालन-पोषण करते समय हमें यह याद रखना चाहिए कि हम भविष्य के रक्षक मात्र हैं। उनकी शिक्षा में सुधार करके हम समग्र मानव जाति का—समग्र विश्व का भविष्य सुधारते हैं।

•••

बालकों का आध्यात्मिक पालन-पोषण ही समग्र शिक्षण का मुख्य आधार है।

•••

उदाहरण या अनुकरणीय दृष्टांत से अधिक महत्त्वपूर्ण कुछ भी नहीं है। वे हमें अच्छे कर्म करने के लिए प्रेरित करते हैं, जो ऐसे उदाहरणों के बिना असंभव होता। इसलिए यदि हम दुराचारी या मनोविकृत अथवा क्रूर लोगों को उदाहरण के रूप में उपयोग करें, तो वे हमारी आत्मा का नाश करते हैं। इसका विलोम भी सत्य है।

•••

आध्यात्मिक आदर्श तक पहुँचने के लिए आपको सर्वप्रथम अपनी आत्मा की शुद्धि का ध्यान रखना चाहिए। ऐसा होना तभी संभव है, जब हृदय सत्य की खोज करता है, अखंडता के लिए प्रयत्नशील रहता है और सच्चे ज्ञान पर आधार रखता है।

•••

यदि आप यह जानते हों कि किसी पैगंबर को कैसे पहचानना है, तो ऐसे व्यक्ति को ढूँढ़िए, जो आपको आपके ही हृदय का ज्ञान दे।

•••

प्रत्येक व्यक्ति का केवल एक ही उद्देश्य है—भलाई में संपूर्णता खोजना। इसके लिए केवल ऐसे ज्ञान की आवश्यकता है, जो हमें उस दिशा में ले जाए।

•••

हम दर्शन, विज्ञान और बुद्धिमत्ता के जमाने में जी रहे हैं। सभी के लिए विशाल पुस्तकालय खुले हैं। हमारे पास सभी जगह पाठशालाएँ, कॉलेज तथा विश्वविद्यालय हैं, जो हमें हजारों वर्ष पहले के लोगों का प्रज्ञान उपलब्ध कराते हैं और फिर क्या? क्या इन सबसे वाकई में हम समझदार हुए हैं? क्या हम अपने जीवन को बेहतर ढंग से समझ सकते हैं अथवा अपने अस्तित्व के अर्थ को जानते हैं? हमारे जीवन के लिए क्या श्रेयस्कर है, क्या हम यह जानते हैं?

•••

समस्त अच्छी बातों को पुरुषार्थ से ही प्राप्त किया जा सकता है।

•••

सच्चे ज्ञान की ओर जाने का रास्ता पुष्पाच्छादित, मुलायम घास पर से होकर नहीं जाता। उसे खोजने के लिए व्यक्ति को खड़ी चढ़ाईवाले पहाड़ चढ़ने पड़ते हैं।

•••

आप सँकरे दरवाजे से प्रवेश कीजिएगा, क्योंकि विनाश की ओर ले जानेवाला मार्ग विस्तृत है, उसका दरवाजा विशाल है और उसमें प्रवेश करनेवाले बहुत से हैं, पर जीवन की ओर जानेवाला मार्ग संकीर्ण है, उसका दरवाजा सँकरा है और उसे ढूँढ़ सकनेवाले बहुत कम होते हैं।

•••

लंबे समय तक आलस्य में रहने के बाद व्यक्ति यदि कठोर शारीरिक कार्य हाथ में ले तो वह पीड़ा से चिल्ला उठता है। आध्यात्मिक विकास के संघर्ष में भी किसी भी विराम के बाद ऐसी ही पीड़ा होती है।

•••

खराब बातें करना आसान है, अच्छी बातें केवल कार्य एवं प्रयत्नों द्वारा ही हो सकती हैं।

•••

जिन्होंने जीवन के सर्वाधिक महत्त्वपूर्ण प्रश्नों के बारे में कभी विचार नहीं किया है, वैसे लोग ही ऐसा मान सकते हैं कि मनुष्य की बुद्धिमत्ता के लिए सबकुछ ही संभव है।

•••

यदि आपको उदाहरण के रूप में अनुसरण करने की इच्छा हो जाए, जैसी कि बहुत से दूसरे लोगों को भी होती है, तो पहले ठहरें और सोचें कि इस सामान्य उदाहरण का अनुसरण करना वाकई में इच्छनीय है या नहीं।

•••

अनिष्ट के प्रभाव का नाश केवल अच्छाई के प्रभाव से ही संभव है और अच्छा प्रभाव प्राप्त करने का मार्ग अच्छा जीवन जीना है।

•••

जो लोग स्वतंत्र रूप से विचार नहीं करते, वे उनके बदले, जो कोई दूसरा विचार करता है, उसके प्रभाव में होते हैं। आप अपना शरीर किसी को सौंप दें, उससे भी अधिक लज्जाजनक गुलामी यह है कि आप अपने विचार किसी दूसरे को सौंप दें।

•••

छोटी और चुनिंदा पुस्तकोंवाली लाइब्रेरी में कैसा महान् खजाना छुपा होता है! विश्वभर के सभी सभ्य और सुसंस्कृत देशों के, हजारों साल पहले के सबसे सयाने और गुणी लोग अपने अध्ययन का परिपाक और समझदारी हमें दे सकते हैं। अपने सर्वश्रेष्ठ मित्रों को भी जो विचार नहीं बताए, वे यहाँ स्पष्ट शब्दों में हम, सदियों के बाद के लोगों के लिए लिखित होते हैं। ऐसी सर्वश्रेष्ठ पुस्तकों के लिए, अपने जीवन की श्रेष्ठतम उपलब्धियों के लिए हम अत्यंत कृतज्ञता अनुभव करते हैं।

•••

आपको मनोरंजन प्रदान करनेवाली साधारण पुस्तकों का अस्तित्व तो बड़ी संख्या में है। इसलिए ऐसी ही पुस्तकों को पढ़ें, जिन्हें निस्संदेह रूप से श्रेष्ठ माना गया हो।

•••

उत्तम पुस्तकें पहले पढ़ लीजिए, नहीं तो आपको पता चलेगा कि आपके पास अब समय ही नहीं रहा।

•••

एक पंडित ढेर-सी पुस्तकें पढ़ा होता है; एक विद्वान् के पास बहुत-सा ज्ञान और कौशल होता है; एक प्रबुद्ध व्यक्ति को अपने जीवन का अर्थ तथा हेतु पता होता है।

•••

वाकई में भौतिक विष तथा बौद्धिक विष में अंतर यह है कि अधिकांश भौतिक द्रव्य विष वास्तव में स्वाद में घिन आए, ऐसे बेस्वाद होते हैं, जबकि सस्ते समाचार-पत्रों और खराब पुस्तकों के स्वरूप में मिलनेवाले बौद्धिक विष दुर्भाग्य से अनेक बार आकर्षक लगते हैं।

•••

विश्व में अनगिनत, विविध विज्ञानों की शाखाओं का अस्तित्व है; किंतु आधारभूत एक विज्ञान-जीवन का क्या अर्थ है एवं लोगों के लिए शुभ तथा श्रेयस्कर क्या है—बिना इसके ज्ञान के, विज्ञान तथा कला के विविध स्वरूप मिथ्या तथा हानिकारक मनोरंजन ही बने रहते हैं।

•••

सूर्य पर काले बिंदु क्यों हैं, उसके कारणों का स्पष्टीकरण करे, उस समय नहीं, बल्कि अपने खुद के जीवन के सिद्धांतों तथा इन सिद्धांतों को भंग करने के परिणामों को समझे और वर्णन कर सके, तब विज्ञान अपने उद्‍देश्य को परिपूर्ण करता है।

•••

जीवन के बारे में सदियों के समस्त समझदार मनुष्यों की समझ के विरुद्ध हम मूर्खतापूर्ण, निरर्थक जिंदगी जीते हैं। ऐसा इसलिए होता है कि हम अपनी युवा पीढ़ियों को गलत ढंग से शिक्षा देते हैं—उन्हें विज्ञान के विविध विषयों को सिखाया जाता है, परंतु जीवन का अर्थ ही सिखलाया नहीं जाता।

•••

वास्तव में विज्ञान तो मात्र यही है—मनुष्य को अपना जीवन कैसे जीना चाहिए, उसका ज्ञान और यह ज्ञान सभी को प्राप्त हो सके, इसके लिए खुला हुआ है।

•••

आधुनिक विज्ञान सभी मुद्दों का अध्ययन नहीं कर सकता है; धर्म के आधार बिना किसका अध्ययन करना है, विज्ञान को इसका पता नहीं चलता।

•••

विज्ञान का सही उद्देश्य है—इस जीवन के सत्य की समझ प्राप्त करना। उसका गलत उद्देश्य इस विश्व के अनिष्टों को उचित ठहराना है। यह है न्यायपालिका का विज्ञान, राजनीति का विज्ञान और विशेष रूप से थियोलॉजी— धर्म का विज्ञान।

•••

खोटा विज्ञान और खोटा धर्म अपने जड़ सिद्धांतों को अत्यंत उच्च भाषा में व्यक्त करते हैं, जिससे सीधे-सादे लोग ऐसा सोचते हैं कि वे कितने रहस्यमय, महत्त्वपूर्ण और आकर्षक हैं! परंतु ऐसी रहस्यमय भाषा समझदारी की निशानी नहीं है। व्यक्ति जितना अधिक समझदार होता है, अपने विचारों को व्यक्त करने के लिए वह उतनी ही सरल भाषा का उपयोग करता है।

•••

आपके आंतरिक जीवन के लिए दी जानेवाली शिक्षा अत्यंत ही उपयोगी है।

•••

सच्चा विज्ञान धर्म का बैरी तो नहीं ही होता, वह तो हमेशा उसे समर्थन देता है।

•••

विज्ञान के महत्त्व को स्वीकार करने के लिए हमें यह सिद्ध करना पड़े कि यह प्रवृत्ति वाकई में उपयोगी है। वैज्ञानिक सामान्य रूप से ऐसा दरशाते हैं कि वे जो कुछ कर रहे हैं, वह शायद कभी, किसी दिन भविष्य में लोगों के लिए उपयोगी हो सके।

•••

विज्ञान का उपयोग जब मानव जीवन के सिद्धांत की खोज के लिए किया जाए, तब वह अत्यंत महत्त्वपूर्ण है।

•••

विश्व असीमित है और उसे समझना किसी के लिए भी असंभव है। इसीलिए हम अपने शरीर के जीवन को भी संपूर्णतया समझ नहीं सकते।

•••

हमारा जीवन मात्र भौतिक परिबलों का सृजन है और वह समग्र रूप से इन्हीं परिबलों पर आधारित है—उस धारणा का प्रसार करना अत्यंत खतरनाक है।

•••

कला का सृजन उतनी उच्च वस्तु नहीं है, जितनी बहुत से लोग मानते हैं, परंतु अवश्य ही यह एक उपयोगी एवं करने योग्य अच्छी चीज है, विशेष रूप से तब, जब वह लोगों को निकट लाने एवं उनके भीतर भलाई करने की भावना को जगा सके।

•••

यदि कोई सुंदर कला, लोगों को जोड़ने की नैतिकता के खयाल को व्यक्त नहीं करती तो वह कला नहीं है, केवल मनोरंजन है। जीवन की निराशा से दूर ले जाने के लिए मनोरंजन की जरूरत पड़ती है।

•••

कला एक ऐसा शक्तिशाली माध्यम है, जिसके द्वारा लोगों को चाहे जिस विषय पर सहमत किया जा सकता है—अच्छे और बुरे दोनों मामलों में—इसलिए आपको इसका उपयोग अत्यंत सावधानी से करना चाहिए।

•••

जब तक वे धन के दलालों को कला के मंदिर से बाहर न फेंक दें, तब तक वह सच्चा मंदिर कभी भी नहीं बनेगा। परंतु ऐसा समय आएगा ही, जब कला के मंदिर में से इन सेल्समैनों को बाहर निकाल दिया जाएगा।

•••

आप अपनी प्रतिभा को, प्रकृति प्रदत्त अपनी अद्भुत विशिष्टता को बेच नहीं सकते; जैसे ही आप वैसा करते हो, तब आप गणिका हो। आप अपने कार्य को बेच सकते हैं, अपनी आत्मा को नहीं।

•••

कृत्रिम कला की किसी भी कृति की जब आलोचकों द्वारा प्रशंसा की जाती है, तब उसी दरवाजे से 'कला के दंभी' हमारे मन में प्रवेश करते हैं।

•••

हमारी भाषा के शब्दों का इतना अधिक दुरुपयोग किसी अन्य क्षेत्र में नहीं होता, जितना कला की समीक्षा में होता है, खासतौर पर नकली कला की।

•••

कला के विषय में चिंतन या चर्चा करना समय बिताने के सबसे निकम्मे कहे जा सकनेवाले मार्गों में से एक है। वाकई में जो कला को जानते हैं, उन्हें पता है कि कला अपनी खुद की भाषा द्वारा अच्छी तरह से बोल सकती है, इसीलिए कला के लिए शब्दों का उपयोग करके बोलना निरर्थक है। कला के विषय में बोलनेवाले अधिकांश लोग सच्ची कला को न तो समझ सकते हैं और न ही उसका आस्वाद कर सकते हैं।

•••

कला के सच्चे सृजन में, कलाकृति और कलाकार के बीच तो नहीं, परंतु कलाकृति और उसे अनुभव करनेवाले लोगों के बीच भी सरहद नहीं होती है।

•••

सच्चे विज्ञान और सच्ची कला के दो अत्यंत स्पष्ट चिह्न हैं—पहली आंतरिक निशानी यह है कि कोई विद्वान् या कलाकार लाभ के लिए काम नहीं करता, परंतु अपने जीवन में मिशन के लिए, त्याग करके काम करता है। दूसरी बाह्य निशानी यह है कि उसका कार्य सभी लोग समझ सकें, वैसा होता है। सच्चा विज्ञान ऐसे ज्ञान को प्राप्य बनाता है, जिसे लोग इतिहास में उस क्षण महत्त्वपूर्ण मानते हैं और सच्ची कला इस सत्य को ज्ञान के क्षेत्र में से भावनाओं के क्षेत्र में स्थानांतरित करती है।

∙∙∙

कला एक ऐसी प्रवृत्ति है, जिसमें व्यक्ति अपने पास जो विशिष्ट साधन उपलब्ध है, उसके उपयोग से अपनी भावनाओं को दूसरों तक पहुँचाने का प्रयत्न करता है, जिससे वह स्वयं जितनी उत्कटता से उन्हें अनुभव करता है, वैसा ही दूसरे भी कर सकें।

∙∙∙

एमर्सन ने कहा है कि संगीत लोगों को उनकी आत्मा की महानता को खोजने में मदद करता है। यही बात कला के किसी भी स्वरूप के लिए कही जा सकती है।

∙∙∙

हमारे समय के कलाकार एवं विद्वान् अपनी नियति को परिपूर्ण नहीं करते हैं, क्योंकि उन्होंने अपने कर्तव्यों को अपने अधिकारों में परिवर्तित कर दिया है।

∙∙∙

नूतन कलाकृति से हमारे जीवन में नूतन भावनाएँ आनी चाहिए।

∙∙∙

वासनाएँ, दुःख-पीड़ा एवं स्व-नियंत्रण

•••

प्रत्येक नई वासना एक नई इच्छा का आरंभ है,
नई उदासी की शुरुआत है।

•••

आध्यात्मिक एवं शारीरिक विकास हेतु
दुःख सहन करना एक आवश्यक शर्त है।

•••

मानव जाति ने दुःख-पीड़ा के बिना
कभी भी महानता प्राप्त नहीं की है।

•••

आप जितना कम बोलेंगे,
उतना ही अधिक कार्य करेंगे।

•••

•••

व्यक्ति के हृदय के आवेग-आवेश एक मकड़ी के जाले जैसे हैं। शुरुआत में वह अपरिचित पड़ोसी होता है; फिर वह नियमित आनेवाला मेहमान बनता है; और अंत में वह घर का मालिक बन जाता है।

•••

आपको अपने लिए लालटेन बनना चाहिए।
अपने भीतरी प्रकाश के निकट रहें और किसी दूसरे का आश्रय न खोजें।

•••

जो मनुष्य दुःख के लाभ नहीं समझता,
वह वास्तव में कुशल और सच्ची जिंदगी नहीं जीता।

•••

दुःख या पीड़ा में आपको भावी आध्यात्मिक विकास के बीज खोजने चाहिए, अन्यथा पीड़ा की कड़वाहट खूब तीखी बन जाएगी।

•••

यदि आपको मुझे दोष देना हो, तो आपको मेरे साथ नहीं होना चाहिए। आपको मेरे भीतर होना चाहिए।

•••

अधिकांश लोग उन चीजों के लिए गर्व नहीं करते हैं, जो आदर पैदा करती हैं, परंतु जो उनके लिए गर्व करते हैं, अनावश्यक और हानिकारक भी होती हैं, जैसे कि प्रतिष्ठा, सत्ता एवं धन-संपत्ति।

वासनाएँ

जिस तरह कोई तूफान पानी में हलचल पैदा करके उसे गँदला कर डालता है, उसी तरह ही आवेश भी हमारी आत्मा के लिए आफत हैं और इस जीवन की हमारी समझ में दखलंदाजी पैदा करते हैं।

•••

यदि कोई मनोविकार आपको चारों ओर से घेर ले, तो आपको याद रखना चाहिए कि यह उत्कट वासना आपकी आत्मा का भाग नहीं है, बल्कि ऐसा काला आवरण है, जो आपकी आत्मा के सच्चे गुणों को ढक देता है।

•••

भोग-विलास की समस्त वासनाओं में कामेच्छा सर्वाधिक प्रबल होती है। यह कभी भी तृप्त नहीं होती, क्योंकि उसे संतुष्ट करने की जितनी कोशिश करते हैं, वह उतनी ही अधिक विकसित होती है।

•••

याद करें कि आज आप जिन बातों को धिक्कारते हैं, तिरस्कार करते हैं, उनमें से बहुत-सी बातों को आप भूतकाल में उत्कटता से चाहते थे और इच्छा करते थे।

•••

याद करें कि आपने भूतकाल की अपनी इच्छाओं को संतुष्ट करने के लिए कितनी चीजें खो दी थीं! आज आपको वर्तमान में जो इच्छाएँ होती हैं, उनके लिए भी वैसा ही हो सकता है। कोशिश करें कि आप अपनी वर्तमान इच्छाओं को काबू में रख सकें, उन्हें शांत कर सकें। ऐसा करना अत्यंत लाभदायक भी है और आप उसे परिपूर्ण कर सकते हैं।

•••

जैसे ही आप अपने भीतर उत्कट वासना का अनुभव करें, उस समय अपने भीतर अपनी दिव्य समझदारी को अनुभव करने का प्रयास करें। जैसे ही आपको ऐसा लगे कि आपका दिव्य स्वभाव निष्क्रिय है और आप मनोविकारों से घिर चुके हैं, तो इन मनोविकारों से लड़ें।

•••

यदि आपको कभी ऐसा लगे कि अपने आवेगों और आवेशों पर विजय प्राप्त करने की आपकी समस्त इच्छाओं के बावजूद वे आप पर विजय प्राप्त कर लेते हैं, तो ऐसा मत सोचिए कि उन समस्त मनोविकारों पर आप विजय नहीं पा सकेंगे। आपने केवल इतना सिद्ध किया है कि इस बार आप वैसा नहीं कर सके। एक अच्छा घुड़सवार अपने घोड़े को तत्काल न रोक सके, तो भी उसकी लगाम छोड़ नहीं देता, बल्कि लगाम को पुन: खींचने की कोशिश करता है और अंतत: घोड़ा खड़ा हो ही जाता है। इसलिए आप प्रलोभनों के सम्मुख एक बार टक्कर न झेल सकें तो भी अपना संघर्ष जारी रखें और अंत में जीत आपके मनोविकारों की नहीं, बल्कि आपकी ही होगी।

•••

अपने आवेशों पर विजय पाने के लिए आपको चाहे जितनी बार निश्चय करना पड़े, उसकी चिंता न करें—बस, कोशिशें बंद न करें, हार न मानें। आपका प्रत्येक प्रयत्न मनोविकारों की शक्ति को क्षीण करता है, जिसके कारण आपका उन पर विजय पाना आसान होता जाता है।

•••

आप स्वयं अपने साथ जिस तरह व्यवहार करते हैं, उसी तरह विचारों के साथ भी बरताव करें और जैसे अपने बच्चों के साथ बरताव करते हैं, उसी तरह अपनी इच्छाओं के साथ भी बरताव करें। हमारे मनोविकार और वासनाएँ सबसे भयंकर जुल्मी मालिक हैं और हम उनके गुलाम बन सकते हैं। इस गुलामी से केवल आत्म-बलिदान ही हमें मुक्त कर सकता है।

•••

अनेक युद्धों द्वारा हजारों लोगों पर विजय पाने की अपेक्षा अपने आप पर विजय पाना अधिक बड़ा और श्रेष्ठ है। जिन्होंने दूसरे लोगों पर विजय प्राप्त की है, उन्हें भविष्य के युद्धों में हराया जा सकता है, परंतु जिन्होंने अपने आप पर विजय प्राप्त की है, वे सदैव के लिए विजेता रहते हैं। लोभ, प्रमाद, लंपटता और क्रोध पर आधिपत्य पाने का प्रयत्न करें।

•••

अपनी इच्छाओं का अनुसरण करते रहनेवाले व्यक्ति का अभिगम समय बीतने पर बदल जाता है। वह जो कार्य करता है, उनसे बहुत जल्दी उसे संतोष नहीं होता।

•••

दुःख-पीड़ा

कई बार हम ऐसा कहते हैं कि हमें पीड़ा अच्छी नहीं लगती या हम बहुत ज्यादा पीड़ा भोग रहे हैं, परंतु पीड़ा सहन करना, हर तरह की पीड़ा सहन करना, हमारे लिए सदैव अच्छा है। अनेक बार हम यह देख सकते हैं कि पीड़ा सहन करना उपयोगी होता है। बालक विकसित हो रहे होते हैं, उस समय पीड़ा सहन करते हैं या घाव में भर गई गंदगी साफ करना जरूरी हो, तब भी। नैतिक पीड़ा सहन करने की उपयोगिता हम भले ही देख न सकते हों, परंतु वह पीड़ा हमें और बेहतर बनाती है तथा ईश्वर के और अधिक समीप ले जाती है।

•••

जन्म से मृत्यु तक आपके साथ जो कुछ भी होता है, आपको उसका स्वागत करना चाहिए, क्योंकि इस विश्व का अस्तित्व और उद्देश्य उन प्रसंगों और घटनाओं में ही है।

•••

तूफान में ही आपको कुशल नाविक की कला दिखलाई देती है; एक सैनिक की बहादुरी आप युद्ध के मैदान में ही देख सकते हैं। एक सामान्य मनुष्य की हिम्मत इस बात में दिखाई देती है कि वह जीवन में कठिन तथा जोखिमी परिस्थितियों का सामना किस तरह करता है!

•••

दु:ख और पीड़ा ईसाई धर्म के सिद्धांतों को परिपूर्ण करने की आवश्यक शर्तें हैं। दु:ख इसलिए मूल्यवान् है, क्योंकि वह यह दरशाता है कि व्यक्ति सच्ची श्रद्धा के साथ जी रहा है या नहीं।

•••

जो व्यक्ति आध्यात्मिक जीवन जीता है, वह यह देखे बिना नहीं रहता कि दु:ख एवं वेदना उसे ईश्वर के अधिक निकट ले जाते हैं। इस समझदारी के उजाले में दु:ख अपना कड़वापन खोकर परम सुख बन जाता है।

•••

जब आप पीड़ा भोग रहे हों, तब यह विचार न करें कि पीड़ा से छुटकारा कैसे पाएँ, बल्कि अपने प्रयत्न इस बात पर केंद्रित करें कि यह पीड़ा किस प्रकार की नैतिक एवं आध्यात्मिक परिपूर्णता की माँग करती है।

•••

अबौद्धिक जीवन के दु:ख एवं मुश्किलें हमें बौद्धिक जीवन की आवश्यकता की ओर खींच लाती हैं।

•••

एक भटकते यहूदी की दंतकथा, जो शाश्वत जीवन की सजा भोग रहा है, वह सत्य है। इसी तरह, एक मनुष्य को जरा-सा भी दु:ख या पीड़ारहित जीवन जीने की सजा दी गई थी, उसकी भी दंतकथा है।

•••

जो व्यक्ति अपने भौतिक एवं पाशविक अस्तित्व को ही जीवन के मुख्य सिद्धांत के रूप में स्वीकार करता है, उसके लिए पीड़ा और मृत्युरूपी अनिष्ट सर्वत्र हैं। जब मनुष्य स्वयं को पशु की स्थिति तक गिरा देता है, तभी उसे मृत्यु तथा पीड़ा का डर लगता है। इस डर से मुक्त होने का एक ही मार्ग उसके समक्ष खुला है और वह है, ईश्वर के सिद्धांत को परिपूर्ण करना और यह सिद्धांत प्रेम द्वारा अभिव्यक्त होता है।

•••

याद रखें—जो एकदम अंत तक जहमत उठाएँगे, वे बच जाएँगे। अनेक बार व्यक्ति या तो हतोत्साहित हो जाता है अथवा तभी रुक जाता है, जिस समय उसे अपना ध्येय प्राप्त करने के लिए वाकई में थोड़ा-सा ही और प्रयत्न करने की जरूरत थी।

•••

वे बातें जिन्हें हम खुशी कहते हैं और वे, जिन्हें हम दु:ख कहते हैं, दोनों हमारे लिए उपयोगी हैं, विशेष रूप से उस समय, जब उन्हें हम अपनी कसौटी पर कसने के अवसरों के रूप में देखें।

•••

वेदना के अभाव में आध्यात्मिक विकास असंभव है। वेदना-पीड़ा के साथ कई बार मृत्यु भी आती है, परंतु जीवन में वेदना वाकई में एक लाभदायक स्थिति है। ऐसा कहा जाता है कि जो लोग वेदना का अनुभव करते हैं, उन्हें ईश्वर प्रेम करता है।

•••

महान् और अद्भुत आत्मावाले लोग हमेशा शांत एवं खुश रहते हैं। जिन लोगों के पास आध्यात्मिकता नहीं होती, वे सदैव दु:खी रहते हैं।

•••

स्व-नियंत्रण

इसका ध्यान रखें कि आप अपने भाई के विषय में गप्प न हाँकें, उसकी निंदा न करें।

•••

आपको इस बात का ध्यान रखना चाहिए कि खराब उदाहरणों का अनुसरण नहीं करना है। जब आपका पड़ोसी दूसरों की निंदा कर रहा हो, तब उसे रोकने का प्रयत्न करें।

•••

यदि आपको ऐसा लगता हो कि अपने पड़ोसी की निंदा करना जरूरी है, तो उसकी आँखों से आँखें मिलाकर कहें और वह इस तरह कहें, जिससे वैर या मन-मुटाव पैदा न हो।

•••

जो दूसरों की निंदा करते हैं और आपके बारे में अच्छा-अच्छा बोलते हैं, उन्हें कभी भी न सुनें।

•••

एक व्यक्ति मौन रहता है और लोग उसकी चर्चा करते हैं। दूसरा व्यक्ति बहुत बोलता है और लोग उसकी चर्चा करते हैं। तीसरा व्यक्ति कम बोलता है और लोग उसकी चर्चा करते हैं। जिसकी चर्चा न होती हो या जिसका दोष न ढूँढ़ा जाता हो, ऐसा कोई व्यक्ति है ही नहीं।

•••

मजाक करना, दूसरों की निंदा और उपहास करना, यह शव पर चटनी-सॉस लगाकर उसे भोजन के लिए परोसने के समान है। ये चटनी-सॉस न होते, तो आप भोजन की ओर से मुँह फेर लेते, किंतु उनके (चटनी-सॉस) साथ आपको लगता है कि यह स्वादहीन एवं अरुचिकर आहार ग्रहण कर सकेंगे।

•••

एक स्वस्थ बुद्धिवाले व्यक्ति के लिए, पड़ोसियों की निंदा एवं उपहास करें, ऐसा मजाक करने के लालच से बढ़कर अधिक हानिकारक कुछ और नहीं।

•••

आप जो बोलते हैं, उसके लिए आपको सोचना चाहिए; तभी आप स्वयं को सौम्य भाव, स्नेह और प्रेम से छलकता हुआ अनुभव कर सकेंगे। आप जितना अधिक खीझेंगे, उतना अधिक आप भड़केंगे और दूसरों की शब्द-निंदा करने का दुष्कृत्य न करें, इसके लिए चाहे कितनी ही अधिक सावधानी क्यों न रखनी पड़े।

•••

एक शब्द विचारों की अभिव्यक्ति है; विचार दिव्य शक्ति की अभिव्यक्ति हैं। इसलिए हमारे शब्द सही अर्थ से सुसंगत होने चाहिए। भाषा दिव्य अभिव्यक्ति भले न हो, परंतु वह अनिष्ट की अभिव्यक्ति नहीं होनी चाहिए।

•••

लोग दूसरों पर इतना अधिक दोषारोपण क्यों करते हैं? जो व्यक्ति दूसरे की निंदा करते हैं, वे जल्दबाजी में यह मान लेते हैं कि स्वयं तो वैसा नहीं ही करेंगे। अपने पड़ोसियों की निंदा सुनना, जिन्हें अच्छा लगता है, वे भी ऐसा ही सोचते हैं।

•••

जब दो व्यक्तियों के बीच तकरार होती है, तब उसमें दोनों का दोष होता है। अत: कम-से-कम एक व्यक्ति, जब यह समझे कि वह स्वयं भी दोषी है, तब वह तकरार खत्म हो सकती है।

•••

यदि आप दूसरों को दोष देना बंद करेंगे, तो आपको वैसा ही अनुभव होगा, जैसा एक शराबी को शराब पीना बंद करने पर या धूम्रपान के व्यसनी को धूम्रपान बंद करने पर होता है। आपको ऐसा लगेगा कि आपने अपनी आत्मा को राहत दी है।

•••

दूसरों को दोष देने का कारण कई बार हमारे मूड का खराब होना है; परंतु कई बार दूसरों को दोष देने से अपने अंदर खराब भावनाएँ उत्पन्न होती हैं—दूसरों को जितना अधिक दोष देते हैं, हम उतना ही अधिक खराब अनुभव करते हैं।

•••

दूसरों को दोष देना कुछ लोगों की मनपसंद मनोरंजन-प्रवृत्ति है, जिससे वे स्वयं को रोक नहीं सकते। जब आप ऐसा देखते हैं कि इस तरह दोष देने से कितनी हानि होती है, तब आप समझेंगे कि लोगों को ऐसे मनोरंजक आचरण करने से न रोकना वाकई में पाप है।

•••

जैसे ही आप किसी व्यक्ति को दोष देना शुरू करें, वैसे ही खुद को रोकें। किसी के बारे में कुछ भी खराब नहीं बोलना है, यह याद रखें, विशेष रूप से जब आप जानते हैं कि वह सही है और खासतौर पर तब, जब आप इस बारे में निश्चित नहीं हैं, परंतु गप-शप या चुगली का ही पुनरावर्तन कर रहे हैं।

•••

इसलिए ऐ, दूसरों का न्याय करनेवाले, तू चाहे जो हो, तेरे पास कोई बचाव ही नहीं है। तू दूसरे का न्याय कर रहा है, उसमें तू अपने आपको दोषी ठहराता है, क्योंकि न्यायकर्ता, तू वही करता होता है।

•••

दूसरों को दोष देने एवं तिरस्कृत करने का स्तुतिगान न करें। एक भले व्यक्ति को दूसरे लोगों की शरम को छुपाना चाहिए, भले ही उसने उसे हानि पहुँचाई हो। जिन्हें अपने पिछले दुष्कर्मों का पछतावा है, उन्हें याद न रखें।

•••

यदि आप स्वयं पापमुक्त न हों, तो दूसरों के पापों के बारे में एक शब्द भी न बोलें, बल्कि मौन रहें। यदि आप दूसरों को दोष न देने की आदत डालेंगे, तो आप अपने हृदय में प्रेम करने की क्षमता को विकसित होते अनुभव करेंगे और आप अपने जीवन में अच्छाई का विकास देखेंगे।

•••

जितनी कड़ाई और क्रूरता से आप अपना खुद का मूल्यांकन करेंगे, दूसरों के मूल्यांकन में आप उतना ही अधिक न्यायसंगत और वत्सल रहेंगे।

•••

यदि दो व्यक्तियों के बीच शत्रुता है, तो उसमें दोनों का दोष है। किसी भी संख्या को शून्य से गुणा करेंगे, तो वह चाहे जितनी बड़ी हो, अंतत: वह शून्य ही हो जाएगी। यदि शत्रुता है, तो वह शत्रुता दो व्यक्तियों के बीच परस्पर है और उसका अस्तित्व दोनों के अंदर है।

•••

यह समझने तथा याद रखने की कोशिश करें कि प्रत्येक व्यक्ति सदैव वही करने का प्रयत्न करता है, जो उसके लिए श्रेष्ठ हो। अपने लिए वह जो श्रेष्ठ करता है, यदि वह सही हो तो अच्छा है। परंतु यदि वह भूल कर रहा हो, तो खराब है, क्योंकि ऐसी भूलें अंत में तो दु:ख ही देंगी। यदि आप इसे याद रखेंगे, तो आप कभी किसी से भी नहीं चिढ़ेंगे। आप किसी की निंदा न करें और तब आप कभी भी किसी के शत्रु नहीं बनेंगे।

•••

जब आप दूसरे लोगों को दोष न देने का प्रयत्न करते हैं, तब आपका जीवन बहुत आसान हो जाता है, परंतु बहुत कम लोग यह छोटा-सा प्रयत्न करते हैं।

•••

किसी का न्याय न करें, ताकि आपका न्याय भी न हो। जैसा न्याय आप करेंगे, वैसा ही न्याय आपका भी होगा। आप जिस पैमाने से नापेंगे, उसी पैमाने से आपको भी नापा जाएगा।

•••

अनेक बार मनुष्य के मन की सभी प्रवृत्तियाँ सत्य को उजागर करने के लिए नहीं, पर सत्य को छुपाने के लिए होती हैं। ऐसा कर सकने की मनुष्य के मन की संभावित शक्ति हमारे लिए लालच का मुख्य स्रोत है।

•••

मैं किसानों और अदने मनुष्यों से प्रेम करता हूँ; वे इतने विद्वान् या पढ़े-लिखे नहीं होते कि सुसंस्कृत किए गए झूठों को बोल सकें।

•••

यदि आप यह देखें कि किसी कार्य का स्पष्टीकरण अत्यंत परिमार्जित, आधुनिक भाषावाली दलीलों द्वारा दिया जा रहा है, तो आप विश्वास रखें कि वह कार्य बुरा ही है। अंतरात्मा के निर्णय सदैव सरल तथा निश्चित होते हैं।

•••

लोग जब खूब शालीनतापूर्वक और विस्तार से बोलते हैं, तब या तो वे झूठ बोल रहे होते हैं अथवा आत्म-प्रशंसा करना चाहते हैं।
शब्द लोगों को मिला सकते हैं, इसलिए एकदम साफ-साफ बोलने की कोशिश करें और सदैव सच ही कहें, क्योंकि सत्य और सरलता की तरह लोगों को जोड़ सकनेवाला दूसरा और कुछ भी नहीं है।

•••

उस व्यक्ति से अधिक अधम और नीच दूसरा कोई नहीं हो सकता, जो अपने आसपास के लोगों को जब देखता है, तब हमेशा उनमें से अपने से भी अधिक अधम एवं नीच व्यक्ति को ढूँढ़ लेता है और फिर अपने आपसे एकदम संतुष्ट रहता है।

•••

एक स्वार्थी व्यक्ति सदैव संकीर्ण होता है और ये दोनों परस्पर जुड़े हुए हैं, वह स्वार्थी है, क्योंकि वह संकीर्ण है; वह संकीर्ण है, क्योंकि वह स्वार्थी है।

•••

शुरुआत में एक अभिमानी व्यक्ति, स्वयं जितना महत्त्वपूर्ण है, दूसरों को वह उससे अधिक सोचने के लिए विवश करता है, परंतु जैसे ही यह प्रभाव चला जाता है, जैसा कि हमेशा होता ही है, अंत में वह लोगों के मजाक का विषय बन जाता है।

•••

आत्मश्लाघा घमंड की शुरुआत है। घमंड, यह बिगड़ी हुई, पथभ्रष्ट आत्मश्लाघा है।

•••

सच्चा सवार या सारथी वह है, जो अपने क्रोधावेश को रोक सके, क्योंकि यह क्रोध का आवेश सबसे तीव्रगामी रथ से भी अधिक वेगवान होता है। अधिकांश लोगों का इस पर कोई वर्चस्व या नियंत्रण नहीं होता—बस, वे असहाय से, केवल लगाम पकड़े रहते हैं।

•••

मौज-मजा, वैभवी ऐशो-आराम—इन वस्तुओं को आप खुशी कहते हों, परंतु मैं ऐसा मानता हूँ कि किसी चीज की कामना न करना ही दिव्य खुशी है और जब आप केवल छोटी-छोटी चीजों की कामना करते हैं, तब आप स्वयं को इस दिव्य एवं उच्च खुशी की ओर अधिक सन्निकट ले जाते हैं।

•••

लोग बिना आवश्यकता या बिना ईर्ष्या के तभी जी सकते हैं, जब वे संयमी जीवन जिएँ।

•••

ईश्वर सभी की परीक्षा लेता है—किसी की समृद्धि द्वारा तो किसी की गरीबी द्वारा। धनवान मनुष्य की परीक्षा इस बात में है कि वह जरूरतमंदों की मदद के लिए हाथ बढ़ाता है या नहीं! गरीब मनुष्य की परीक्षा इस बात में है कि वह अपने सभी दुःख, बिना असंतोष के, पूरी श्रद्धा और आज्ञांकित रहकर सहन करता है या नहीं।

•••

अनेक बार लोगों को उनकी अपनी खुद की इच्छाओं पर अपने नियंत्रण और जिस बल तथा आवेश द्वारा वे इच्छाओं पर स्वामित्व प्राप्त करते हैं, उसके लिए उन्हें गर्व अनुभव करने को प्रेरित किया जाता है। यह कैसी विचित्र भ्रांति है!

•••

संयम एवं निग्रह तुरंत ही नहीं सीखे जा सकते, यह एक प्रक्रिया जैसी होनी चाहिए, निरंतर चलने वाले प्रयत्न होने चाहिए। ऐसा प्रयत्न करनेवाले व्यक्ति की जीवनगति इस आवेग-आवेश को शांत करने की ओर नहीं, अपितु उन पर आधिपत्य प्राप्त करने की ओर होती है। संयम तथा दृढ़ता दोनों इन प्रयत्नों में सहायक बनते हैं।

•••

कोई भी व्यक्ति, जो वास्तविक महत्त्वपूर्ण बातों में व्यस्त हो, वह खूब सरल होता है, क्योंकि अनावश्यक वस्तुएँ पैदा करने के लिए उसके पास समय ही नहीं है।

•••

स्व-विकास, कठिनाइयाँ एवं संपूर्णता

•••

यदि आपके भीतर कुछ भी महान् है,
तो वह आपके प्रथम प्रयास में दिखनेवाला नहीं है।

•••

यदि आप अनिष्ट के कारणों को खोजेंगे,
तो वे आपके अंदर ही हैं।

•••

आप अपनी कमियों को
दूसरे लोगों की आँखों से ही देख सकते हैं।

•••

जिसने अपने आप पर विजय पा ली है,
उसके पास असली सत्ता है।

•••

∴

आप किसी संत-ऋषि को देखें तो सोचें, मैं उनके जैसा कैसे बन सकूँ ?
आप किसी दुराचारी मनुष्य को देखें तो विचार करें,
क्या मेरे अंदर भी वही दुर्गुण नहीं हैं ?

∴

एक दुष्ट व्यक्ति केवल अन्यों को ही नहीं,
अपने आपको भी हानि पहुँचाता है।

∴

आप जो करें, उसके प्रति सजग, सावधान रहें;
कुछ भी आपके ध्यान के लायक नहीं है, ऐसा न माने।

∴

जिस व्यक्ति ने अपना पेट बिगाड़ डाला है, वह अपने भोजन की निंदा करेगा
ही कि आहार खराब है; जो लोग इस विश्व में अपने जीवन से खुश नहीं हैं,
उनके साथ भी ऐसा ही होता है।

∴

जो व्यक्ति माफ नहीं कर सकता, वह ऐसे सेतु को नष्ट करता है, जिसे उसे
स्वयं पार करना है, क्योंकि प्रत्येक व्यक्ति को क्षमादान की जरूरत है।

∴

बाह्य घटनाओं को नियंत्रित करना हमारे हाथ में नहीं है;
केवल प्रयत्न करना ही संभव है और हमारे प्रयत्नों द्वारा भीतर तो
परिणामी घटनाएँ होती ही हैं, बाहर हों या न हों।

∴

जब आपको सत्ता या वर्चस्व की इच्छा हो, उस समय आपको थोड़ा समय
एकांत में रहना चाहिए।

स्व-विकास

प्रत्येक व्यक्ति के लिए सर्वश्रेष्ठ एवं सर्वाधिक महत्त्वपूर्ण वस्तु है—उसके अपने अंदर का 'स्व', जो उसकी आध्यात्मिक हस्ती है।

•••

जो व्यक्ति सभी विज्ञानों का ज्ञाता है, परंतु अपने आपको नहीं जानता, वह क्षुद्र एवं अज्ञानी मनुष्य है। जो अपने आंतरिक आध्यात्मिक 'स्व' के अलावा किसी को नहीं जानता, वह प्रबुद्ध व्यक्ति है।

•••

कीर्ति का मार्ग महलों से होकर गुजरता है, खुशी का रास्ता बाजारों से होकर गुजरता है, सद्गुण का मार्ग रेगिस्तान से होकर गुजरता है।

•••

केवल अपने भौतिक जीवन की पाशविकता को ही सुधारते रहना जितना हानिकारक है, उतना और कुछ भी नहीं है। अपनी आत्मा को सुधारने हेतु की गई प्रवृत्तियों जैसा आपके तथा दूसरों के लिए लाभदायक और कुछ नहीं है।

•••

मनुष्य के पास अपने सभी दुर्भाग्यों से सुरक्षित रहने के लिए जगह है और यह जगह उसकी आत्मा है।

•••

आपके निजी तथा सामाजिक जीवन का एक ही कानून है, यदि आपको अपनी आत्मा का विकास करना हो तो आपको त्याग करने हेतु तत्पर रहना पड़ेगा।

•••

यदि आप इतना ही जान सकें कि आप कौन हैं, तो आपको अपनी सभी कठिनाइयाँ एकदम अनावश्यक एवं तुच्छ लगेंगी।

•••

दुराचरण का आयोजन आप अकेले ही करते हैं, अनिष्ट करने की योजना आप अकेले ही बनाते हैं; आप अकेले ही इस दुष्कर्म से बच सकते हैं और अपने विचारों को शुद्ध कर सकते हैं। आपका अंत:करण ही आपको नरक में भेजेगा और आपका अंत:करण ही आपको बचा सकेगा।

•••

कोई व्यक्ति ईश्वर या अन्य लोगों से मदद माँग सकता है, परंतु उसका उत्तम जीवन ही उसे मदद कर सकता है और यह उसे स्वयमेव करना पड़ेगा।

•••

जो व्यक्ति अपने मकान पर छप्पर और खिड़की के फ्रेम में किवाड़ लगाने के बजाय बाहर तूफानी मौसम वाले वातावरण में जाकर पवन, बरसात और बादलों से झगड़े, तो उस आदमी को हम मूर्ख ही कहेंगे। परंतु जब हम अपने भीतर के अनिष्टों से लड़ने की जगह दूसरे लोगों के भीतर के अनिष्टों को दोष देते हैं, तब हम उसी व्यक्ति की तरह ही करते हैं। जैसे हमारे मकानों की छतें डालना तथा खिड़कियाँ लगाना संभव है, उसी तरह अपने भीतरी अनिष्टों से मुक्ति भी संभव है, परंतु जिस तरह हम मौसम को बदलने या बादलों को अदृश्य हो जाने का आदेश नहीं दे सकते, उसी तरह इस विश्व के अंदर के अनिष्टों का नाश करना भी हमारे लिए संभव नहीं है। यदि हम औरों को सिखाने-सुधारने के स्थान पर स्वयं शिक्षित होकर सुधर जाएँ, तो विश्व में से अनिष्ट तो कम होंगे ही और अंतत: सभी मनुष्य बेहतर जीवन भी जिएँगे।

•••

अपनी भूलों के लिए क्षोभ न करें। भूलों के बारे की समझदारी जितना सिखलाती है, उससे ज्यादा हमें कोई और बात नहीं सिखला सकती। यह स्व-शिक्षण के श्रेष्ठतम मार्गों में से एक है।

•••

हमें ऐसा लगता है—हम जिन्हें देख सकें, ऐसे काम, जो दिखाई दे सकें, वे कार्य ही महत्त्वपूर्ण हैं—मकान बनाना, जमीन जोतना, पशुओं को चारा देना, फल चुनना इत्यादि; और जो कार्य हम आत्मा के द्वारा करते हैं, जो कार्य दिखलाई नहीं पड़ते, वे महत्त्वपूर्ण नहीं हैं। परंतु आत्मा के विकास को अदृश्य कहा जाए, ऐसा कार्य, विश्व का सर्वाधिक महत्त्वपूर्ण कार्य है। जब हम यह मुख्य कार्य करते हैं, तभी दूसरे दिख सकनेवाले उपयोगी कार्य हो सकते हैं।

•••

कोई व्यक्ति, जैसे ही अपना आध्यात्मिक जीवन जीना शुरू करता है कि वह मर जाता है, एकाकी।

•••

खुद जिन्हें महत्त्वपूर्ण मानते हों, वैसी अनगिनत प्रवृत्तियों में लोग खुद को शामिल करते हैं, परंतु वे एक ऐसी प्रवृत्ति के विषय में भूल जाते हैं, जो दूसरी किसी प्रवृत्ति की तुलना में वाकई में अधिक महत्त्वपूर्ण एवं आवश्यक होती है और जो अन्य सभी वस्तुओं को समा लेती है—वह है अपनी आत्मा का विकास।

•••

जीवन की सभी वस्तुओं से दूर, थोड़ा समय एकांत में, अपने भीतर की दिव्यता के बारे में ध्यान-चिंतन, यह आपकी आत्मा के लिए उतना ही आवश्यक आहार है, जितना आपके शरीर के लिए भौतिक आहार।

•••

खुद अपने को सुधारना, संपूर्णता के उस ध्येय की तरफ प्रगति करने के लिए हम पर, किसी असंभव लगनेवाले ध्येय की तुलना में जरा भी कम की माँग नहीं करता। वह दैनंदिन जीवन की हमारी चिंताओं से विमुख होकर एकांत की माँग करता है और फिर भी निरंतर एकांत द्वारा स्व-विकास अर्थहीन नहीं, तो असंभव हो जाता है। एकांत में ध्यान-साधना आपके दैनिक जीवन में उसका अमलीकरण हो, उनके बीच संतुलन प्राप्त करना ही होता है।

•••

व्यक्ति जितने एकांत में होगा, ईश्वर की आवाज को वह उतने ही अधिक स्पष्ट रूप से सुन सकेगा।

•••

लोगों को किस तरह बोलना है, यह तो सिखलाया जाता है, परंतु उन्हें चिंता इस बात की होनी चाहिए कि किस तरह मौन रहना है! यदि आपकी जीभ अच्छा बोलती है, तो आपके लिए इससे अच्छा दुनिया में और कुछ भी नहीं; लेकिन यदि आपकी जीभ बुरा बोलती है, तो आपके लिए दुनिया में उससे खराब और कुछ भी नहीं है।

•••

मैंने अपना पूरा जीवन सयाने लोगों के बीच बिताया है और मुझे इस दुनिया में मौन से बेहतर कुछ भी नहीं मिला। यदि एक शब्द की कीमत एक सिक्का है, तो मौन की कीमत दो सिक्के हैं। होशियार लोगों को तो मौन अनुकूल आता ही है, परंतु समझदार लोगों को बहुत अधिक अनुकूल आता है।

•••

मौन रहें। अपने हाथ को आराम दें, उसकी अपेक्षा अपनी जीभ को अधिक बार आराम दें। मौन रहने का कभी भी आपको पछतावा नहीं होगा, परंतु आप खूब बोले हों, तो उसका पछतावा आपको अनेक बार होगा।

•••

आंतरिक पुरुषार्थ द्वारा एकांतवास में अपने साथ के प्रत्यायन द्वारा समझदारी प्राप्त की जा सकती है, दूसरे लोगों से संवाद द्वारा भी उसे प्राप्त किया जा सकता है। मैंने अपने मित्रों से भी अनेक चीजें सीखी हैं और अपने विद्यार्थियों के पास से मैंने उससे भी अधिक सीखा है।

•••

हमारा जीवन एवं कर्म दूसरे लोगों पर क्या प्रभाव छोड़ रहे हैं, यह नोट करना अत्यंत उपयोगी है।

•••

आपको इस तरह जीना चाहिए, जिससे दूसरे लोग आपके विषय में अच्छा सोचें और आप अपने बारे में भी अच्छा सोचें।

•••

जो कमियाँ दूसरे लोगों को जटिल और असह्य बनाती हैं, वे आपमें भी हैं। आप उन्हें देखते नहीं और जब आप यह कहते होते हैं कि दूसरों में फलाँ कमी है, उस समय आप यह उल्लेख नहीं करते कि आप स्वयं अपना ही वर्णन कर रहे हैं।

•••

हम अपनी असल जिंदगी से संतुष्ट नहीं होते। हम काल्पनिक जिंदगी जीना चाहते हैं, ऐसी जिंदगी, जिसमें वाकई में हम जैसे हैं, दूसरों की नजर में उससे अलग दिखाई दें।

•••

ध्यान से सुनें, किंतु ज्यादा न बोलें; जब आपसे कोई प्रश्न पूछा जाए, तब उसका संक्षिप्त उत्तर दें। कभी आपसे कुछ ऐसा पूछा जाए, जिसका उत्तर आप न भी जानते हों, तो उसे स्वीकार करने में शरम अनुभव न करें। केवल दलील करने के लिए तर्क न करें; और अपनी बड़ाई न हाँकें।

•••

जब आप किसी के साथ हों, उस समय यह भूल न जाएँ कि जब एकांत में विचार कर रहे थे, उस समय आपने क्या समझदारी प्राप्त की थी; और जब आप एकांत में ध्यान में हों, उस समय दूसरे लोगों के प्रत्यायन द्वारा जो समझते थे, उसके बारे में विचार करें।

•••

अपने 'स्व' को संपूर्ण बनाने का कार्य आंतरिक एवं बाह्य—दोनों है। आप दूसरों से बातचीत किए बिना, उन्हें प्रभावित किए बिना अथवा उनसे प्रभावित हुए बिना स्वयं का सुधार या विकास नहीं कर सकते।

•••

जो अपने पुराने दुष्कर्मों को अपने वर्तमान सत्कर्मों द्वारा ढकना चाहते हैं, वे मुझे ऐसी चाँदनी के उजाले की याद दिलाते हैं, जो इस अँधियारे विश्व को मेघाच्छन्न रात्रि में प्रकाशित करती है।

•••

जब कोई भला आदमी अपनी भूलें स्वीकार नहीं करता और हमेशा अपना बचाव करता रहता है, तो फिर वह भला नहीं, बल्कि निष्ठुर मनुष्य बन जाता है।

•••

एक व्यक्ति के हृदय को अपने दोषों को समझने से बढ़कर दूसरा कुछ भी ऋजु नहीं बना सकता है और हमेशा सच्चा ठहरने की इच्छा से बढ़कर दूसरा कुछ भी उसे कठोर नहीं बना सकता।

•••

क्या आपमें ऐसे गुण और विशेषताएँ हैं, जिनकी टीका हो सके और जिनको सुधारा जा सके? ऐसा हो सकता है, उसे स्वीकार करने का प्रयत्न करें और अपने आप ही ऐसे गुणों/विशेषताओं को खोज निकालें।

•••

पश्चात्ताप करने का अर्थ यह होता है कि आप अपने दुर्गुणों एवं कमजोरियों को सबके सामने उजागर करें। पश्चात्ताप यानी आपने जो सारी खराब बातें की हैं, उनकी जिम्मेदारी लेना, अपने चित्त को शुद्ध करना एवं भलाई को स्वीकार करने की तैयारी करना।

•••

आप किसी की भूल देखें, तो उसे तथा उसकी भूल को नम्रतापूर्वक सुधारें। यदि वह आपकी न सुने, तो अपने आपको दोष दें; अथवा इससे अधिक अच्छा यह है कि किसी को दोष न दें, परंतु विनम्र बने रहें।

•••

आप किसी व्यक्ति से अलग हों और वह व्यक्ति आपसे संतुष्ट न था और आप सच्चे थे, फिर भी वह आपसे सहमत न हुआ, तो उसका दोष नहीं है। संभव है कि आपका ही इसमें दोष हो, क्योंकि इस व्यक्ति के प्रति आप पर्याप्त स्नेहिल न रहे हों।

•••

बाद में पीटर ने आकर पूछा, "प्रभु, मेरा भाई अपराध करे, तो मुझे कितनी बार क्षमा करना चाहिए?" "सात बार?" ईशु ने उससे कहा, "मेरा उत्तर यह है कि सात बार नहीं बल्कि, सत्तर बखत सात बार।"

•••

जो अपनी कमियों को जानते हैं, वे ही अपने पड़ोसियों की कमियों के प्रति सहिष्णु हो सकते हैं।

•••

यदि हम अपने आपको दूसरे लोगों की जगह रख सकें, तो हमारा अहंकार कम हो जाएगा।

•••

मेरे बालको, यदि शब्दों द्वारा कोई आपका अपमान करे, तो उस पर विशेष ध्यान न देना; शांतिपूर्वक अपनी प्रार्थना करें और अपने मित्रों को झगड़े का हल निकालने के लिए कहें और जिसने आपका अपमान किया, उसके तथा अपने बीच शांति स्थापित करें।

•••

गहरी नदी में आप पत्थर फेकें तो उससे उसे कुछ फर्क नहीं पड़ता। यदि कोई आध्यात्मिक व्यक्ति निंदा से व्यग्र या दु:खी होता है, तो वह नदी नहीं, छिछला गड्ढा है। दूसरों को क्षमा करें, तो आपको भी क्षमादान मिलेगा।

•••

लगभग हमेशा जब अपनी आत्मा में गहराई से झाँकते हैं, तब हम ऐसे दुष्कृत्य देख सकते हैं, जिनके लिए हम दूसरों को दोष दे रहे होते हैं। यदि अपनी आत्मा में कोई विशेष दुष्कृत्य हमें न मिले, तो हमें और अधिक निकटता से देखना चाहिए और हमें उससे भी अधिक खराब दुष्कृत्य वहाँ मिलेंगे।

•••

आप अपनी निष्फलता को सुधारना चाहते हो, तो दूसरे लोगों को दोष देने के लिए आपके पास समय नहीं है।

•••

हम अनेक बार दूसरे लोगों के विषय में निर्णय कर लेते हैं। हम एक को स्नेहिल, दूसरे को मूर्ख, तीसरे को दुष्ट और चौथे को होशियार कहते हैं। परंतु हमें ऐसा नहीं करना चाहिए। मनुष्य निरंतर बदलता रहता है; वह नदी की भाँति बहता है और हर नए दिन, जैसा वह पहले था, उससे भिन्न होता है। वह मूर्ख था तो होशियार बनता है; दुष्ट था और वह हृदय से स्नेहिल बनता है...आप दूसरे व्यक्ति का मूल्यांकन करके, निर्णय नहीं कर सकते। आप जिस क्षण उसे दोष देते हैं, वह भिन्न मनुष्य बन जाता है।

•••

दूसरों को दोष देना सदैव गलत है, क्योंकि वाकई में क्या हुआ, वह कोई नहीं जानता और वह दूसरे व्यक्ति की आत्मा में होता है।

•••

जब तक आप स्वयं को उनके स्थान पर न रखें, तब तक कभी अपने पड़ोसियों को दोष न दें।

•••

अपने बारे में मैं यह जानता हूँ कि मैं कुछ भी अनिष्ट नहीं करना चाहता। यदि मैं कुछ भी अनिष्ट कर बैठता हूँ, तो वह इसलिए कि मैं अपने आपको नियंत्रित नहीं कर सकता।

•••

कठिनाइयाँ

यदि आप विपत्ति और दुर्भाग्य से डरते हैं, तो आप इस समय ही दु:खी हैं। जो विपत्तियों से डरते हैं, वे सामान्यतया उसके लायक होते हैं।

•••

सर्वोच्च आनंद यह है कि आप सबकुछ सहन कर सकते हैं, आप निंदा एवं शारीरिक पीड़ा भी सहन कर सकते हैं और अंत में इस पीड़ा को भोगने के लिए उसके बारे में कोई कड़वाहट या घृणा अनुभव नहीं करते। उलटे आप आनंद अनुभव करते हैं, क्योंकि आपके अंदर श्रद्धा है। ऐसे आनंद का नाश, अनिष्ट लोग या फिर खुद आपका दु:ख भी नहीं कर सकता।

•••

सबकुछ ईश्वर की देन है, इसलिए सब अच्छा है। अनिष्ट में भी भलाई है, जिसे अपनी लघुदृष्टि के कारण हम समझ नहीं सके थे।

•••

जब वे आपकी निंदा करें, आपको लताड़ें और आपकी बदनामी करें, उस समय आपको खुश होना चाहिए; जब वे आपकी प्रशंसा करें और आपका बखान करें, तब आपको उदास होना चाहिए।

•••

वास्तव में सदाचारी मनुष्यों के गुण लोगों से अनजाने ही रहते हैं या लोगों की गलतफहमी का भोग बनते हैं, परंतु इससे निराश नहीं होना है।

•••

तीन कामनाएँ लोगों को अत्यंत यातना देती हैं—कामेच्छा, घमंड एवं धन की लालसा। मानव जाति की समस्त बदनसीब घटनाएँ इन तीनों में से पैदा होती हैं। उनके बिना लोग सुख-चैन से जी सकते हैं, परंतु इन भयंकर बीमारियों से छुटकारा किस तरह पाना ... ? अपने पर काम करें और 'स्व' को विकसित करें—यही इसका उत्तर है। विश्व को सुधारने की शुरुआत खुद अपने भीतर से करें।

•••

डिप्रेशन आत्मा की ऐसी दशा है, जिसमें आपको खुद अपनी जिंदगी में अथवा दुनिया के जीवन में कोई अर्थ नहीं दिखाई देता। ऐसी अवस्था आपके आसपास के लोगों के लिए केवल पीड़ादायक ही नहीं है, वह उन्हें प्रभावित भी कर सकती है और इससे वाकई में एक अच्छा व्यक्ति इस दु:खद परिस्थिति के साथ स्वयं अकेला हो, तभी काम करता है। आप जब भी खराब या उदास मूड में हों या फिर व्याकुलता अनुभव कर रहे हों, तब आपको एकांत में ही रहना चाहिए।

•••

जब आपको सबकुछ अँधेरा और निराशामय लगता हो, उदासीनता से ग्रस्त और दु:ख भरा लगता हो और आप दूसरों को केवल खराब तथा बुरी बातें ही बताना चाहते हों, तो अपनी दशा पर विश्वास न करें। अपने साथ आप शराबी या शराब के नशे में हों, ऐसे व्यक्ति की तरह व्यवहार करें। जब तक यह दशा समाप्त न हो जाए, तब तक कोई कदम न उठाएँ, कुछ भी न करें।

•••

हमारी शारीरिक पीड़ाएँ और डिप्रेशन की अवधि, दोनों इस विश्व में हमारे जीवन के अंग हैं और हमें धीरजपूर्वक उनके पूरे होने तक, अपना यह जीवन समाप्त हो जाए, तब तक राह देखनी चाहिए।

•••

क्या होगा, इससे बहुत अधिक चिंतित न रहें। जो भी होता है, सदैव अच्छा ही होगा और आपके लिए उपयोगी होगा।

•••

जो अस्पष्ट है, उसे स्पष्ट कर देना चाहिए। जो करना आसान नहीं है, उसे अत्यंत दृढ़तापूर्वक करना चाहिए।

•••

सभी वस्तुएँ, सबसे अटपटी वस्तुएँ भी, सरल और स्पष्ट बन जाती हैं, यदि आप उनको दूसरे लोगों से अलग करके ईश्वर के समक्ष निर्णय के लिए रखें।

•••

विश्व के सभी पापों में एक ऐसा अधम कुकर्म है, जो मनुष्य जीवन के एक महान् आशीर्वाद समान आपके बाँधवों के लिए उसके प्रेम के बिल्कुल विरुद्ध है, अपने ही भाई के प्रति क्रोधावेश और धिक्कार से प्रेरित हो, जीवन के इस सर्वोच्च आनंदपूर्ण आशीर्वाद को नष्ट करना, उससे खराब दूसरा कोई पाप नहीं है।

•••

आपके दुश्मन आप पर कोपायमान होकर आपसे सबकुछ वसूल करेंगे, आपको दु:खी करेंगे, परंतु आपको सर्वाधिक नुकसान तो आपके हृदय में अवस्थित क्रोध और धिक्कार से ही होनेवाला है। आपके पिता, आपकी माता या आपका परिवार आपको इतना भला नहीं बना सकेंगे, जितना आपका हृदय, जब उस पर गुजारे गए दु:खों को भुलाकर क्षमा करे, तब आप बन सकेंगे।

•••

रोमन महापुरुष सेनेका ने कहा है कि जब आपको क्रोधावेश से मुक्त होना हो, आपको जब लगे कि वह बढ़ रहा है, उस समय रुक जाना ही श्रेष्ठ मार्ग है। कुछ भी न करें—चलें नहीं, हिलें नहीं, बोलें नहीं। यदि आपका शरीर या जीभ जरा भी हिलेंगे-डुलेंगे, तो आपका क्रोधावेश बढ़ेगा। क्रोधावेश सभी व्यक्तियों के लिए हानिकारक है, परंतु जो व्यक्ति उसका अनुभव कर रहा है, उसके लिए वह सबसे अधिक हानिकारक है।

•••

आपके क्रोधावेश को किसी भी तरह उचित नहीं ठहराया जा सकता। आपके क्रोधावेश का मूल सदैव आपके ही भीतर होता है।

•••

याद रखिए कि आप अपनी भूलों के विषय में जितने जड़ एवं जिद्दी हैं, उसकी अपेक्षा, जो आपकी भूलें सुधारते हैं, यदि उनका अनुसरण करके आप अपना अभिप्राय बदल सकें, तो आप अधिक मुक्त हैं।

•••

किसी भी मनुष्य के विकास का मूल्यांकन उसकी आंतरिक स्वतंत्रता द्वारा किया जा सकता है। जो मनुष्य अपने व्यक्तित्व से जितना अधिक मुक्त होता है, उसके पास उतनी अधिक स्वतंत्रता है।

•••

संपूर्णता

समग्र जीवन में तथा आपकी दैनिक गतिविधियों के लिए अगर आपको कहीं जाना है, तो आपको पता होना चाहिए कि आपको कहाँ जाना है? एक अच्छी जिंदगी जीने के लिए आपको पता होना चाहिए कि जीवन किस ओर जा रहा है?

• • •

जीवन हमें इसलिए नहीं दिया गया है कि हम कामकाज किए बिना आलसी की तरह पड़े रहें! नहीं, हमारा जीवन एक संघर्ष है, एक यात्रा है। शुभ को अनिष्ट से संघर्ष करना है; सत्य को झूठ से संघर्ष करना है; स्वतंत्रता को परतंत्रता से संघर्ष करना है; प्रेम को घृणा से संघर्ष करना है। जीवन एक ऐसी गति है—जीवन के रास्ते पर चलते-चलते ऐसे खयालों को परिपूर्ण करने की ओर जाने का प्रवास है, जो हमें अपनी बुद्धि तथा हृदय में उसके दिव्य तेज से प्रकाशित करता है।

• • •

जीवन में सर्वाधिक महत्त्वपूर्ण बात संपूर्णता की ओर की राह है और यदि कोई व्यक्ति घमंडी हो, अपने आपसे संतुष्ट हो, तो फिर उसके जीवन में किस तरह की संपूर्णता का अस्तित्व हो सकता है? अच्छा जीवन उन्हें ही प्राप्त होता है, जो उसे प्राप्त करने के लिए पुरुषार्थ करते हैं। आदर्श आपके भीतर ही है और इस आदर्श तक पहुँचने के लिए रुकावट डालने वाले समस्त अवरोध भी आपके भीतर ही हैं। आदर्श स्वरूप का सृजन करने की सभी सामग्री आपके अपने भीतर ही हैं।

• • •

संपूर्ण केवल ईश्वर है। मनुष्य केवल संपूर्णता की इच्छा कर सकता है।

• • •

सबसे बड़ी खुशी यह है कि वर्ष के आरंभ में आप जो अनुभव करते थे, उसकी तुलना में वर्ष के अंत में आप अधिक अच्छा अनुभव कर रहे हों।

•••

मेरे हाथ जितने कमजोर हैं, मुझे पूर्णता प्राप्त करने का उतना ही अधिक प्रयास करना होगा।

•••

कोई व्यक्ति, जो किनारे से बहुत दूर समुद्र में यात्रा के लिए जा रहा है, वह किनारे की कुछ रेखाएँ या खड़ी शिलाएँ देख सकता है, परंतु नाविक जब किनारे से बहुत दूर जाते हैं, उस समय उनको ऊपर आकाश में स्थित तारों और अपने दिशासूचक यंत्र द्वारा ही मार्गदर्शन मिल सकता है और ये दोनों वस्तुएँ हमें प्रदान की गई हैं।

•••

हमें ऐसी श्रद्धा रखनी चाहिए कि हमारे अंदर तथा इस विश्व के अंदर जो शुभ हैं, वे अंतत: बाहर प्रकट होंगे ही। ऐसा होने की यह एक आवश्यक शर्त है।

•••

व्यक्तियों एवं समस्त राष्ट्रों के लिए, समस्त आदर्शों के पीछे के परिचालक बल, इस विश्व में जिनका अस्तित्व है, उनकी समझ नहीं है, किंतु जो परिपूर्ण किए जा सकते हैं, उनकी समझ है।

•••

आप जो करते हैं, उसके आप स्वामी हैं। आपको यह श्रद्धा रखनी चाहिए कि शाश्वत अच्छाई का अस्तित्व आपके भीतर ही है और आप जीवित हैं, तब तक, वह उगता है और विकसित होता है।

•••

मनुष्य चाहे कितना भी छोटा क्यों न पड़े, वह सदैव उन आदर्शों को देख सकता है, जिनकी ओर उसे गति करनी है।

•••

इस जीवन में आप न कर सकें, ऐसा असंभव कार्य कुछ भी नहीं है, आपका समग्र जीवन ऐसे कार्य के समान होना चाहिए, जो एक पराक्रमी योद्धा को शोभा दे।

•••

हर बार जब आप जगें, तो खुद से पूछें, 'आज मैं कौन-से अच्छे कार्य करूँगा?' तब याद रखें कि सूर्यास्त के समय जब सूर्य नीचे जाएगा, तब वह आपकी जिंदगी का एक भाग बन जाएगा।

•••

मैं एक उपकरण हूँ, जिससे ईश्वर कार्य करता है। मेरा कर्तव्य इस काम में सहभागी होना है और मैं वैसा तभी कर सकूँगा, जब मुझे दिए गए आत्मारूपी उपकरण को मैं विशुद्ध स्थिति में रखूँ।

•••

जो व्यक्ति दिव्य नियमों का अनुसरण करता है, उसके पास से, ऐसी वस्तुएँ ले ली जाएँ, जिसे दूसरे लोग सुख-सुविधा या धन-संपत्ति मानते हैं, फिर भी वह व्यक्ति खुश रहेगा।

•••

हमारा अधिकांश खर्च दूसरों के जैसा दिखने के लिए किए जानेवाले प्रयत्नों में होता है।

•••

अपनी जिंदगी से नाराज होने का हमें अधिकार नहीं है। यदि हमें ऐसा लगे कि हम जीवन से संतुष्ट नहीं हैं, तो हमें उसे अपने स्वयं के साथ ही असंतुष्ट होने के कारण के रूप में देखना चाहिए।

•••

सच्ची अच्छाई हमेशा खूब सरल होती है। यह बहुत अजीब है कि सरलता इतनी अधिक आकर्षक एवं लाभदायक है, फिर भी इतने कम लोग वाकई में सरल जिंदगी जीते हैं!

•••

जो कृत्रिम रूप से सरल दिखने की कोशिश करते हैं, उनसे कम सरल कोई नहीं दिखाई देता। सभी कृत्रिम बातों से नकली सरलता सर्वाधिक अप्रिय होती है।

•••

जो लोग संपूर्ण चरित्रवान होंगे, वे कभी भी सत्य के मार्ग से विचलित नहीं होंगे।

•••

प्रत्येक व्यक्ति का प्राथमिक चालक बल 'स्व' की संपूर्णता की साधना है। यदि आप अपने प्रति सत्यनिष्ठ होंगे, तो अपने आपसे कभी भी संतुष्ट नहीं होंगे।

•••

प्रत्येक व्यक्ति को हमेशा अच्छा कर सकने की अपनी क्षमता विकसित करनी चाहिए। स्वयं को बेहतर बनाना—यह प्रत्येक व्यक्ति का ध्येय होना चाहिए।

•••

अच्छा जीवन प्राप्त करने के लिए आपको किन्हीं भी अच्छे कर्मों से डरना नहीं चाहिए। जितनी शक्ति या बल किसी बड़े तथा महान् कर्म के लिए चाहिए, उससे जरा-सा भी कम छोटे कामों में न लगाएँ।

•••

जो दुष्कृत्य करने की ओर से सत्कर्मों की ओर मुड़ते हैं, वे बादलों के पीछे से बाहर आनेवाले चंद्रमा की भाँति इस विश्व को प्रकाशित करते हैं। विश्व की यह श्रेष्ठ वस्तु है, मानवता की ओर प्रयाण का यह प्रथम कदम है।

•••

अपनी टीका (समीक्षा) करें, परंतु ऐसा करने के लिए बहुत अधिक अधीर न बनें।

•••

बौद्धिक जीवन के लिए असंतोष आवश्यक शर्त है। अंत में यह असंतोष ही आपके पास अधिक काम करवाता है।

•••

माँगेंगे तो मिलेगा, खोजेंगे तो दिखेगा, खटखटाएँगे तो द्वार खुलेगा, क्योंकि जो कोई माँगता है, उसे मिलता है, जो कोई खोजता है, उसे दिखता है और जो कोई खटखटाता है, उसके लिए दरवाजा खुलता है।

•••

जो लोग संपूर्णतापूर्वक जीवन जीते हैं, वे सदैव आगे देखते हैं; जिन्होंने आगे बढ़ना छोड़ दिया है, वे पीछे मुड़कर अपनी सिद्धियाँ निहारते हैं।

•••

अच्छाई पाने का प्रथम नियम यह है—केवल 'स्व' की संपूर्णता का विचार करें और ऐसा सोचे बिना करें कि यह दूसरे लोगों द्वारा प्रशंसित हो।

•••

यदि आप अच्छाई चाहते हैं, तो ईश्वर के नियमों का अनुसरण करें, ईश्वर के नियमों का अनुसरण प्रयत्न द्वारा ही संभव है। इन प्रयत्नों के बदले में खुशहाली भरा जीवन मिलता ही है, परंतु ये प्रयत्न स्वयं ही जीवन का एक बड़ा वरदान होते हैं।

•••

किसी पानी भरे पात्र में से जरा भी पानी न छलके, इसके लिए आपको उसे एकदम सीधा पकड़ना पड़ता है। अगर आपको धारदार छुरा चाहिए, तो छुरे को शान देना पड़ता है। यदि आप सच्ची अच्छाई की साधना करते हों, तो ऐसा ही आपकी आत्मा के साथ भी होना चाहिए।

•••

आपकी आत्मा को अपना दावा निरंतर दृढ़ता से प्रस्तुत करना चाहिए, क्योंकि आपका शरीर निरंतर अपने प्रयास करता रहता है, जैसे ही आपने अपनी आत्मा के साथ काम बंद कर दिया कि तुरंत ही शरीर आप पर संपूर्ण वर्चस्व जमा लेगा।

•••

कोई भी अच्छी बात सदैव प्रयत्न द्वारा ही हो सकती है और जब प्रयत्न अनेक बार पुनरावर्तित होता है, तब अच्छी बात आदत बन जाती है।

•••

आदत कभी भी अच्छी बात नहीं है, फिर भले ही वह अच्छा काम करने की ही हो। आदतें बन जाने के बाद अच्छे काम वाकई में सद्गुणी बरताव नहीं रह जाते। वास्तव में अच्छा तो प्रयत्न द्वारा ही किया जा सकता है।

•••

हम अपने दुर्गुणों से पीड़ित होते हैं और उनके साथ संघर्ष करने का प्रयत्न करते हैं और इस संघर्ष के पीछे का कारण यह है कि हम संपूर्ण नहीं हैं, परंतु इन दुर्गुणों के साथ संघर्ष में ही हमारी मुक्ति है और यदि ईश्वर दुर्गुणों के साथ लड़ने की हमारी शक्ति वापस ले ले, तो हम सदा के लिए उनके साथ फँस जाएँगे।

•••

जो काम आपको अच्छाई प्राप्त करने में मदद करते हैं अथवा अधिक महत्त्वपूर्ण रूप से जो आपको अनिष्ट आचरण करने से रोकते हैं, उनका कभी भी तिरस्कार न करें।

•••

टोलाशाही, अंतरात्मा एवं आदर्श

•••

भले ही लोगों का बहुमत उसमें सहभागी हो,
फिर भी भ्रांति, भ्रांति ही रहती है।

•••

सभी बातों की कसौटी करें और जो टिकी रहें,
उनसे मजबूती से जुड़े रहें।

•••

आपकी अंतरात्मा द्वारा जिनका स्वीकार न हो,
ऐसी सभी बातों से डरते रहें।

•••

सभी महान् बातें धीरे-धीरे तथा तुरंत ध्यान में न आएँ,
उस तरह घटित होती हैं।

•••

•••

आपके विचार से जो सही है, उसी के अनुसार, आपको व्यवहार करना चाहिए, भीड़ की सलाह का अनुसरण करके नहीं।

•••

यदि आपको ऐसा लगे कि आप मुक्त नहीं हैं,
तो कारणों की खोज अपने भीतर करें।

•••

छल-कपट और धोखे की ओर ले जाने वाले हजारों रास्ते हैं,
परंतु सत्य की ओर ले जानेवाली मात्र एक ही राह है।

•••

प्रत्येक व्यक्ति को इस विश्व एवं ईश्वर के बारे में
स्वयं ही अपना अभिगम निश्चित करना चाहिए।

•••

आदर्श के पहले हमेशा पश्चात्ताप आता है,
लोग पश्चात्ताप को अनावश्यक मानते हैं, वह खेदजनक है।

•••

मात्र भ्रांति को ही लंबे, जटिल तर्कों के समर्थन की आवश्यकता पड़ती है।
सत्य सदैव अपने बूते खड़ा रह सकता है।

•••

सिवाय पुराने पूर्वग्रहों को संग्रह कर रखने की इच्छा के,
यह विश्व में सत्य के विकास में कुछ भी दखल नहीं दे सकता।

•••

यदि आप कुछ भी बुरा न करना चाहते हों,
तो ऐसा एक भी सत्कर्म नहीं है, जिसे आप न कर सकें।

टोलाशाही

'सबके जैसा बन जाओ, भीड़ का अनुसरण करो।' इस नियम का अनुसरण सबसे खराब चीजों में से एक है।

• • •

समाज मनुष्य से कहता है, "हम जैसा सोचते हैं, वैसा सोच, जैसा हम मानते हैं, वैसा मान, हम जो खाते-पीते हैं, वही तू खा और पी और हम जैसा पहनते हैं, वैसा ही पहन।"

• • •

अधिकांशत: गलत एवं हानिकारक अभिप्रायों का प्रचार-प्रसार तरफदारी और प्रभाव की मदद से किया जाता है। इस बात की संभावनाएँ अधिक हैं कि हम दूसरों के मंतव्यों या अभिप्रायों को सूक्ष्मता से जाँच किए बिना या अपने आपको तकलीफ दिए बिना ही स्वीकार कर लें। महत्त्वहीन लोग वे हैं, जो स्वयं विकसित किए बिना दूसरे लोगों के विचारों को ही स्वीकार कर लेते हैं।

• • •

दूसरी आत्मा की उपस्थिति में आपके विचारों पर आसानी से प्रभाव पड़ जाता है; जब व्यक्ति अकेला हो, तभी वह संपूर्ण रूप से मुक्त रह सकता है।

• • •

दूसरे लोगों द्वारा खराब उदाहरण रखे जाने से अधिक हानिकारक और कुछ भी नहीं है। ये उदाहरण हमारे जीवन में ऐसे विचार एवं धारणाएँ लाते हैं कि जो इस उदाहरण के बिना कभी भी हमें न आ सके होते।

• • •

जो आपके साथ दुर्व्यवहार करता है, उसके मूड या मिजाज का असर अपने ऊपर न होने दें; उसके रास्ते पर कदम न रखें।

•••

किसी व्यक्ति को झूठों से भरी जिंदगी जीने की आदत आसानी से पड़ सकती है, विशेष रूप से तब, जब वह आसपास के सभी लोगों को इसी तरह जीता हुआ देख रहा हो।

•••

खोटे उपदेशकों से सावधान रहें! वे आपके सम्मुख भेड़ के वेश में आते हैं, किंतु अंदर से वे भूखे भेड़िए होते हैं। उनके बरतावरूपी फल द्वारा आप उन्हें पहचान सकेंगे। थूहर से अंगूर अथवा बबूल से अंजीर मिलेंगे क्या? अच्छे वृक्ष अच्छा फल देते हैं, परंतु खराब वृक्ष खराब फल देते हैं, जैसे अच्छे वृक्ष खराब फल नहीं दे सकते, उसी भाँति बुरे वृक्ष अच्छा फल नहीं दे सकते। जो वृक्ष अच्छा फल नहीं दे सकता, उसे काटकर आग में जला दिया जाता है। अत: आप उन्हें उनके बरतावरूपी फल पर से पहचान सकेंगे।

•••

गलत धारणाएँ जिस तेजी से फैल रही हैं, उनको आप उनके साथ बज रहे ढोल-नगाड़ों के शोरगुल से आसानी से पहचान सकते हैं। खरे सत्य को किसी सुशोभन या शोरगुल की जरूरत नहीं पड़ती।

•••

खोटी शरम शैतान की प्रिय भावना है; खोटे गौरव से भी वह ज्यादा बुरी है। घमंड अनिष्ट का समर्थन कर सकता है, परंतु खोटी शरम अच्छाई को रोकती है।

•••

कृत्रिम शरम शैतान की प्रिय भावना है झूठे गौरव से भी अधिक खराब है। घमंड अनिष्ट का समर्थन कर सकता है किंतु कृत्रिम शरम अच्छाई को अवरुद्ध करती है।

•••

स्वीकृत रीति-रिवाजों एवं परंपराओं से पीछे हटकर लोगों को चिढ़ाना बुरा है, परंतु अपनी अंतरात्मा तथा विवेक की आवश्यकताओं की अवगणना करके भीड़ के रिवाज का अनुसरण करना उससे भी खराब है।

•••

सत्य को समझने के लिए सबसे बड़े अवरोध सत्य के वेश में छुपे झूठ हैं।

•••

वास्तविक जीवन में भ्रांति क्षण भर के लिए ही हमारे जीवन को बदलती है, परंतु विचारों एवं बुद्धि के क्षेत्र में भ्रांति को हजारों वर्षों तक सत्य के रूप में स्वीकार लिया जाए और पूरे के पूरे राष्ट्रों को उपहास का पात्र बनाए, मनुष्य जाति की उत्तम इच्छाओं को वह गूँगी कर दे, लोगों को गुलाम बनाए और उन्हें झूठा कहे; ये भ्रांतियाँ ऐसी शत्रु हैं, जिनके विरुद्ध मानव जाति के इतिहास के सर्वोत्तम महानुभावों ने संघर्ष करने के प्रयत्न किए हैं। सत्य की ताकत अपार है, पर उसकी जीत मुश्किल है; हालाँकि एक बार आपने विजय पा ली तो वह आपके पास से वापस नहीं ली जा सकती।

•••

किसी व्यक्ति को भ्रांति से, खोटे सच एवं झूठों से मुक्त करने में आप उसके पास से कुछ ले नहीं लेते; इसके द्वारा उसे कुछ महत्त्वपूर्ण प्राप्त होता है।

•••

मनुष्य जाति की प्रगति हमसे छुपे अवरोधों को बेपरदा करने में है। झूठों का पर्दाफाश करना समुदाय के लिए उतना ही मूल्यवान् है, जितना स्पष्ट रूप से अभिव्यक्त सत्य।

•••

हम अतार्किक रूप से विचार करते हैं, इसके लिए नहीं, परंतु हम अपना जीवन खराब ढंग से जीते हैं, इसलिए हमें गैर समझ होती है।

•••

अज्ञान बुराई की ओर नहीं ले जाता, गैर समझ बुराई की ओर खींच ले जाती है। लोग नहीं जानते, वह समस्या नहीं है, बल्कि समस्या यह है कि लोगों द्वारा जानने का दंभ किया जाता है।

•••

भूखे को भोजन देना, नंगे को कपड़ा देना, अस्पताल में रोगियों से मुलाकात करना—ये सारे दया-प्रेरित कार्य हैं, परंतु एक ऐसा परोपकारी काम है, जिसकी तुलना इन सबके साथ नहीं हो सकती, अपने बंधु को भ्रांति से मुक्त करना।

•••

मनुष्य का एक दुर्गुण यह है कि वह केवल अपने आपको चाहता है और उसे अच्छाई केवल अपने लिए चाहिए। परंतु जो केवल अपने को प्रेम करता है, उसे केवल दु:ख ही मिलेंगे।

•••

जब आपके पास स्वाधीनता नहीं होती, तब आपकी जिंदगी पशु की जिंदगी बन जाती है।

•••

ऐसे कितने ही लोग हैं, जो दूसरों के लिए निर्णय लेने, ईश्वर तथा विश्व के साथ उनके संबंध को निश्चित करने की जवाबदेही लेते हैं। बहुत बड़ी बहुमतिवाले ऐसे लोग भी हैं, जो ऐसी सत्ता दूसरे को देते हैं और उनको जो कहा जाता है, उसे अंधश्रद्धापूर्वक स्वीकार कर लेते हैं। इन दोनों समूहों के लोग एक समान अपराध कर रहे हैं।

•••

अंतरात्मा

जीवन का सत्य आपके शरीर में नहीं, बल्कि आपकी अंतरात्मा में अवस्थित है। मैं जीवन के उस अंश को 'स्पिरिट' या 'आत्मा' कहता हूँ, जिसका स्वतंत्र अस्तित्व है और जो हमें जीवन की समझ देती है।

•••

याद रखिए कि आपके जीवन के अर्थ का आधार आपके भीतर के 'स्व' की समझदारी पर है और यदि आप उसे अपने शरीर की चाकरी के लिए मजबूर न करें, तो वह आपको मुक्त करेगा। जिस मनुष्य की आत्मा विवेक से प्रबुद्ध हुई हो, आवेगों-आवेशों से मुक्त हो एवं दिव्य तेज से प्रकाशित हो, वह दृढ़ और ठोस नींव पर खड़ी है।

•••

ऐसा होने दीजिए कि आपका आध्यात्मिक पक्ष, आपके भौतिक पक्ष को मार्गदर्शन दे और उसके विपरीत नहीं। अपनी दशा बदलने के लिए व्यक्ति को आध्यात्मिक आदर्श के लिए प्रयास करना चाहिए, शारीरिक नहीं।

•••

जो व्यक्ति अपने शरीर की चिंता के लिए ही जीता हो, वह अंतत: प्राणी-वृत्ति एवं इंद्रियसुख वाले जीवन की भूल-भुलैया में खो जाता है, जबकि आत्मा सदैव सत्य को खोजेगी; वह रास्ता ढूँढ़ लेगी।

•••

अंतरात्मा की आवश्यकताओं से आप लड़ाई-झगड़ा नहीं कर सकते। वे ईश्वरीय नियम हैं और उनकी शरण में जाना अधिक बेहतर है।

•••

अच्छे-बुरे की असली निर्णायक अंतरात्मा है, अंतरात्मा ही व्यक्ति को ईश्वर के समान बनाती है और अंतरात्मा मानव प्रकृति का सबसे बड़ा लाभ है। अंतरात्मा के सिवा और कुछ भी नहीं है, जो हमें प्राणियों से ऊपर उठा सके और उसके बिना लोग एक झूठ से दूसरे झूठ की ओर ही गति करेंगे।

•••

बहुमतवाले लोग जो करते हैं, वह करना आपके जीवन का उद्देश्य नहीं है, अपितु अपने भीतर के जिस आंतरिक कानून को आप समझते हैं, उसके अनुसार जीना है। अपनी अंतरात्मा के विरुद्ध या सत्य के विपरीत आचरण न करें। इस तरह से जिएँ और आप अपने जीवन का ध्येय परिपूर्ण करेंगे।

•••

आपकी आत्मा की आवाज आपकी अन्य इच्छाओं के शोर से ऊपर सदैव अलग उठ आती है, क्योंकि वह हमेशा कुछ ऐसा चाहती है, जो दिखने में व्यर्थ, बुद्धिहीन हो, समझ में न आए, ऐसा हो, परंतु उसके साथ ही उसमें वाकई में कुछ खूब सुंदर एवं अच्छा हो, जिसे केवल पुरुषार्थ द्वारा ही प्राप्त किया जा सके।

•••

अंतरात्मा की आवाज कोई भूलें नहीं करती। वह प्राणीवृत्तियों को तुष्ट करना नहीं, उनका निरोध या बलिदान चाहती है।

•••

हमारी आत्मा के भीतर ऐसा कुछ है, जिसे हम जैसा है, वैसा देखें और उस पर अच्छी तरह ध्यान दें, तो वह हमें उच्च आनंद प्रदान करेगा; कुछ ऐसे नैतिक अभिगम या गुण हैं, जो हमें अपने सृजन के समय दिए गए थे।

•••

आपकी अंतरात्मा ही आपके आध्यात्मिक उद्गम स्थल की समझदारी है; मात्र जब आपमें ऐसी सजगता हो, तभी वह आपके जीवन का वास्तविक मार्गदर्शक बन सकती है।

•••

यदि आपका हृदय सद्गुणों से परिपूर्ण होगा, तो आपको प्रसन्नता एवं सौंदर्य मिलेंगे।

•••

आपके अंदर दो भिन्न अवस्थाएँ हैं, एक वह, जो अंध तथा विषयासक्त है और दूसरी, जो देख सकती है और आध्यात्मिक है। इस आध्यात्मिक अवस्था को 'अंतरात्मा' कहते हैं, उसकी तुलना कंपास के उस काँटे (सूई) से की जा सकती है, जो एक सिरे पर अच्छाई बताता है और दूसरे सिरे पर अनिष्ट। जब तक हम अच्छाई से बिछुड़कर भटक नहीं जाते, तब तक हम इस कंपास को जान नहीं पाते, परंतु जैसे ही हम कुछ गलत करते हैं कि तुरंत ही हमारे जीवन में अच्छाई की दिशा से आकर्षण का अनुभव होता है।

•••

ईश्वर ने समग्र मानवजाति के रूप में हमें चेतना दी है और व्यक्ति के रूप में हमारी निजी चेतना भी दी है; जिस तरह दो डैनों के उपयोग से हम ऊँचे उड़ सकते हैं, वैसे ही इन दोनों वस्तुओं के उपयोग से हम ईश्वर के और निकट पहुँचते हैं और सत्य को समझ सकते हैं।

•••

जवानी मनोविकारों एवं मुग्धता का समय है, फिर भी आप अपनी अंतरात्मा की आवाज सुनें और उसे सर्वोच्च सत्ता के रूप में स्वीकार करें। सदैव खुद से पूछें, क्या मेरे कर्म मेरी अंतरात्मा के साथ सुसंगत हैं? और दूसरे लोगों से भिन्न अर्थ या निष्कर्ष पर पहुँचने से न डरें।

•••

हम सब ऐसे नादान बालकों जैसे हैं, जो प्रथम बार दादी माँ द्वारा कहे गए (जिसके बारे में प्रश्न न पूछा जा सके ऐसे) 'सत्य' को दुहराते हैं; तत्पश्चात् अपने शिक्षकों द्वारा कहे गए 'सत्य' को और अंत में वयस्क हो जाने पर नामांकित लोगों द्वारा कहे गए सत्य को बारंबार उच्चारित करते हैं।

•••

मनुष्य को भूतकाल के समझदार एवं आध्यात्मिक विभूतियों की ओर से प्राप्त आध्यात्मिक विरासत का उपयोग करना चाहिए; परंतु उन सभी को बुद्धि की कसौटी पर परखकर कुछ बातें स्वीकार करनी चाहिए, तो कतिपय बातों का त्याग करना चाहिए।

•••

दिव्य सत्य बालकों की बोली में या पागल मनुष्यों की बड़बड़ाहट अथवा भयानक स्वप्नों में; या फिर सीधे-सादे लोगों की सामान्य बातचीत में प्रकट हो सकता है और जिन ग्रंथों को महान् या फिर पवित्र भी गिना जाता है, उनमें भी खोटे और लचर विचार हो सकते हैं।

•••

बहुत से विधान, जो हमें परंपरागत रूप से दिए गए हैं, जिन्हें हम सत्य के रूप में स्वीकार कर लेते हैं, वे इसीलिए ही सत्य लगते हैं कि कभी उनकी कसौटी भी नहीं की गई है, कभी उनके बारे में सूक्ष्मतापूर्वक विचार भी नहीं किया गया है।

•••

किसी पूजनीय लेखक या विचारक के विचारों का समाज पर गहन प्रभाव पड़ सकता है—वाकई में वह सत्य को समझने में बड़ा अवरोध भी बन सकता है।

•••

इस तरह सोचना कि आप सत्य के बिना जी सकते हैं, यह सर्वसामान्य भूलों में से एक है। सीधे-सीधे सत्य कहने से जो छोटी-छोटी अप्रिय बातें घटित होती हैं, उनकी तुलना में छोटे-से-छोटे झूठों का आचरण करने से जो आंतरिक एवं बाह्य परिणामी घटनाएँ घटित होती हैं, सामान्यतया वे अधिक हानिकारक होती हैं।

•••

सभी उपदेशों तथा सद्गुणों का यह रहस्य है कि हमें सन्निष्ठ रहना चाहिए। यह सबसे गूढ़ रहस्य है, यह कलाओं की भी सर्वोच्च सिद्धि है और जीवन का सबसे मुख्य सिद्धांत है।

•••

सबसे सामान्य एवं सर्वाधिक प्रचलित धोखाधड़ी दूसरों को धोखा देने की इच्छा नहीं, बल्कि स्वयं को धोखा देना है और इस तरह का जीवन सबसे अधिक हानिकारक है।

•••

सभी जीवितों के लिए झूठ सदैव हानिकारक होता है।

•••

हमें अपना जीवन इस तरह जीना चाहिए, जिससे प्रत्येक व्यक्ति हमें देख सके या जाने। हमारी आत्मा के सबसे रहस्यमय कोने दूसरे देख सकें, उसके लिए खुले हों। हमें कुछ भी छिपाना क्यों चाहिए? आप ईश्वर से कुछ भी छिपा नहीं सकते। समस्त मानवीय एवं दिव्य शिक्षा को एक सत्य में कहा जा सकता है—हम सब एक विराट शरीर के भाग हैं। प्रकृति ने हमें एक विशाल परिवार के रूप में एक किया है और हमें अपना जीवन एक रहकर परस्पर मदद करते हुए जीना चाहिए।

•••

यदि सत्य से हमारा जीवन आसान बनता हो तो उस सत्य से पलायन के स्थान पर उसे स्वीकार करना बेहतर है। हमारा जीवन बदल सकता है, परंतु सत्य कभी भी बदला नहीं जा सकता, वह सदैव सत्य ही रहेगा और हमारा भेद खोलेगा ही।

•••

सत्य को खोजें—वह हमेशा हमें बताता है कि हमें क्या करना चाहिए, क्या नहीं करना चाहिए और क्या करना बंद कर देना चाहिए।

•••

व्यक्ति चाहे जिस स्थान पर हो, निम्न या उच्च प्रतिष्ठावाला हो, चाहे वह विद्वान् हो या मूर्ख, उससे न डरें। यदि आप सभी लोगों को एक समान आदर देते हों, तो सभी को प्रेम करें और किसी से भी न डरें।

•••

यदि हमें सिखलाई गई सभी चीजें हम मानने लगें, तो अच्छाई एवं अनिष्ट एक साथ होते हैं।

•••

कोई भी व्यक्ति हर समय संपूर्ण सत्यनिष्ठ नहीं रह सकता, क्योंकि उसके अंदर विविध परिबल एवं आकांक्षाएँ लड़ती ही रहती हैं; और कई बार वह इन सबको, अपने आपको भी, अभिव्यक्त नहीं कर सकता है।

•••

सभी के भीतर आध्यात्मिक एवं भौतिक प्रकृति के बीच संघर्ष चलता ही रहता है। इस कारण सभी लोगों को भ्रांतियाँ होती ही हैं और बहुत से लोग हमेशा उन्हें सत्य मान लेने की भूल करते रहेंगे।

•••

सत्य केवल प्रतीक्षा एवं जागृति द्वारा समझ में आ सकता है और जब आपको एक सत्य समझ में आएगा, तब आपके समक्ष दूसरे दो उपस्थित होंगे।

•••

हम दूसरे सभी लोगों से इतना अधिक झूठा बोलते हैं कि फिर वह हमारे लिए स्वाभाविक बात बन जाती है और फिर झूठ बोलकर हम अपने आपको भी धोखा देते हैं।

•••

भ्रांति का अस्तित्व केवल एक निश्चित अवधि के लिए ही होता है, परंतु असली सच समस्त युक्तियों, भ्रामक दलीलों और झूठों के खत्म हो जाने पर भी जैसा हमेशा था, वैसा ही रहता है।

•••

कोई व्यक्ति निष्पाप नहीं है; कोई भी व्यक्ति संपूर्ण रूप से सत्यनिष्ठ नहीं है। ऐसा नहीं है कि एक व्यक्ति सदाचारी एवं सत्यनिष्ठ है और दूसरा व्यक्ति पापी एवं कपटी है; असल में ऐसा है कि एक व्यक्ति सत्य एवं सदाचार की ओर प्रगति करने की कोशिश कर रहा है और दूसरा कोशिश नहीं करता।

•••

कोई सत्य को सुने-स्वीकार करे, इसके लिए उसे प्रेमपूर्वक कहा जाना चाहिए। जब सत्य को हृदय से और पूरी निष्ठा से बोला जाता है, तभी वह प्रेममय होता है। जब आप दूसरे व्यक्ति को कोई संदेश देते हों और वह व्यक्ति उसे समझ न सकता हो, तो इनमें से कम-से-कम एक बात तो सही है या तो आप जो कह रहे हैं, वह सत्य नहीं है अथवा आपने उसे प्रेमपूर्वक नहीं कहा है। स्नेहिल व्यक्ति के शब्दों को ही सुना जाता है।

•••

सत्य मनुष्य को कभी कठोर या अभिमानी नहीं बनाता। सच बोलनेवाला व्यक्ति वाकई में अपनी सादगी तथा नम्रता से प्रकट हो जाता है।

•••

सत्य कहना, यह एक अच्छा दरजी होने जैसा या अच्छा किसान होने के बराबर या सुंदर लिख सकने जैसा ही है। किसी भी प्रवृत्ति को अच्छा करने के लिए उसका अभ्यास करना जरूरी है। आप चाहे जितना भी कठोर प्रयत्न करें, यदि आपने उसे बारंबार नहीं किया हो, तो आप उस काम को स्वाभाविक रूप से नहीं कर सकते। आप सत्य बोलने का अभ्यास करना चाहते हों, तो आपको छोटी-से-छोटी बात में भी सत्य ही कहना चाहिए।

•••

हमेशा क्या करना, क्या विचार करना और सत्य बोलते रहना सीखते रहें। तभी आपकी समझ में आएगा कि वास्तव में असल सच से हम अभी कितनी दूर हैं!

•••

अकेले हों, उस समय या दूसरों के साथ, ऐसा कुछ भी न करें, जो आपकी अंतरात्मा के विरुद्ध हो।

•••

लोग स्वर्ग जैसा सुख पा सकते हैं, ऐसे पवित्र व्यक्ति, जो सुंदर जीवन की अभीप्सा से भरपूर हैं। उनको उनके शरीर और भौतिक जीवन में सुख मिलते हैं। जब आपका मन तथा हृदय स्वच्छ हों, तब आपके लिए दिव्यता के द्वार खुल जाते हैं।

•••

आदर्श

जैसे ही हमारे सम्मुख उच्च आदर्श रखे जाते हैं कि समस्त खोटे आदर्श इस तरह धूमिल पड़ जाते हैं, जैसे सूर्य से निकलने पर तारे अलोप हो जाते हैं।

•••

नैतिक एवं आध्यात्मिक जीवन में वस्तुओं का महत्त्व उनके भौतिक मूल्यों से नहीं, बल्कि उनकी अच्छाई के स्तर से मापा जाता है।

•••

अधिकांश लोग अपने जीवन को सुधारने के लिए कुछ असाधारण एवं कठिन कार्य करने का प्रयत्न करते हैं, परंतु वे अपनी इच्छाओं को शुद्ध करें और अपने आंतरिक स्वत्व को सुधारें तो उनके लिए अधिक अच्छा रहेगा।

•••

व्यक्ति अपने को विचारों द्वारा नहीं, परंतु आचरण द्वारा समझता है। प्रयत्नों द्वारा ही व्यक्ति को अपना सच्चा मूल्य समझ में आ सकेगा।

•••

यह देखना जोखिम भरा है कि अनिष्ट के कारक हमारे बाहर आए हुए हैं; फिर तो उनके लिए पश्चात्ताप असंभव बन जाता है।

•••

आपको इस तरह जीना चाहिए कि आप अपने मन के विषय की कोई भी गुप्त बात कह सकें।

•••

एक समझदार मनुष्य अपनी इच्छा के अनुसार ही जीना चाहता है, क्योंकि वह वही इच्छा करता है, जिसे पाया जा सके। ऐसा मनुष्य मुक्त है।

•••

हमने एक ऐसी जीवन पद्धति का सृजन किया है, जो मानव जाति की नैतिक एवं शारीरिक प्रकृति की विरोधी है और फिर भी ऐसी जिंदगी जीते-जीते हम मुक्त होना चाहते हैं।

•••

हम बहुत स्पष्ट रूप से यह समझते हैं कि उच्च नैतिकतावाला मनुष्य होना यानी मुक्त आत्मावाला मनुष्य बनना। जो निराश हैं, चिंताग्रस्त हैं या भयग्रस्त हैं अथवा जो वासनाओं में निमग्न हैं, वे अपनी आत्मा को मुक्त नहीं कर सकते।

•••

वे कहते हैं कि स्वतंत्रता सर्वोच्च अच्छाई है और यदि स्वतंत्रता अच्छाई हो, तो कोई भी मुक्त व्यक्ति अप्रसन्न कैसे हो सकता है? यदि आप किसी ऐसे व्यक्ति को देखें, जो खुश नहीं है, तो आपको पता चलना चाहिए कि वह मुक्त मानव नहीं है; वह किसी चीज का गुलाम है। संपूर्ण रूप से प्रसन्न होने के लिए आपको वे सभी चीजें ईश्वर को देने के लिए तैयार रहना पड़ेगा, जिन्हें आपने उससे प्राप्त की हैं। अपनी इच्छा को ईश्वर की इच्छा के अनुरूप बनाने के लिए तैयार रहना चाहिए।

•••

दूसरे आपको स्वतंत्रता नहीं दे सकते। प्रत्येक व्यक्ति को स्वयं ही खुद को मुक्त करना होता है।

•••

स्वतंत्रता उसकी खोज करने से प्राप्त नहीं होती, सत्य की खोज करने से मिलती है। स्वतंत्रता उद्देश्य नहीं होनी चाहिए, परिणामी घटना होनी चाहिए।

•••

धन-संपत्ति, जीवन-शैली एवं शाकाहार

•••

धनवानों के मौज-शौक अनेक बार गरीबों के आँसुओं द्वारा प्राप्त किए गए होते हैं।

•••

मेरी बुद्धिमत्ता मुझे सिखलाती है कि धरती (जमीन) को बेचा नहीं जा सकता।

•••

जो काम न करे, उसे खाना भी नहीं चाहिए।

•••

आपको इस प्रकार जीना चाहिए, जिसमें आपके लिए हिंसा की जरूरत न रहे।

•••

•••

धन में—स्वयं धन ही—उसे प्राप्त करने में और
उसके स्वामित्व में ही कुछ अनैतिक है।

•••

बहुत ज्यादा खाना, अन्य दुर्गुणों जितना ही खराब दुर्गुण है।
अनेक बार हम दूसरों में यह दुर्गुण नहीं देख सकते,
क्योंकि हमारे में से अधिकांश लोग उसके वश में होते हैं।

•••

ईश्वर ने लोगों को आहार दिया और शैतान ने रसोइया।

•••

धर्म को अपने जीवन में लाने की प्रथम शर्त
समस्त जीवों के प्रति प्रेम एवं करुणा का आविर्भाव है।

•••

अपने आपको व्यसनी बनाना अपराध नहीं है,
परंतु अपराध की पूर्व तैयारी है।

•••

शारीरिक श्रम से बौद्धिक प्रवृत्ति बंद नहीं होती,
अपितु उसकी गुणवत्ता सुधरती है और उसे मदद मिलती है।

•••

प्रत्येक शारीरिक श्रम मनुष्य को और अधिक उम्दा बनाता है।
यदि आप अपनी संतान को कोई शारीरिक हुनर नहीं सिखाते,
तो आप उसे दूसरों को लूटना सिखाते हो।

धन-संपत्ति

हम ऐसे समाज को सर्वोत्कृष्ट बनाने की आशा नहीं रख सकते; जो दो भागों में बँटा हुआ है—धनवान, जो विश्व पर राज करते हैं और निर्धन लोग, जो उनका हुक्म बजाते हैं।

•••

जहाँ लखपति हैं, वहाँ गरीब भिखारी भी होंगे ही।

•••

जुल्मी मालिक होना आज्ञाकारी गुलाम होने की तुलना में बदतर है। बहुत अधिक धन-संपत्ति, यह गरीबी की अपेक्षा अधिक खराब स्थिति है।

•••

यदि कठोर परिश्रम किए बिना आपके पास आय है, तो कोई ऐसा है, जिसने आय प्राप्त किए बिना कड़ी मेहनत की है।

•••

यदि कोई धनवान व्यक्ति वास्तव में सदाचारी बने, तो वह खूब तेजी से धनवान बनना बंद कर देगा।

•••

लोग अपनी भौतिक दुनिया में इतने रचे-पचे होते हैं कि जब वे मनुष्य आत्माओं के आविर्भाव स्वरूप मानवों को या लोगों के बीच के पवित्र संबंधों को देखते हैं, तो वे उन्हें अपनी भौतिक सुख-सुविधा बढ़ाने के दृष्टिकोण से ही देखते हैं। व्यक्ति की धन-संपत्ति से यह तय होता है कि वह कितना आदर का पात्र है, उसके असली आंतरिक आध्यात्मिक मूल्य से नहीं।

•••

अधर्मियों की दुनिया में मनुष्य की धन-संपत्ति ही उसकी भव्यता तथा महत्ता दरशाती है; जबकि असली धार्मिक दुनिया में मनुष्य की संपत्ति वाकई में उसकी कमजोरियाँ तथा झूठ दरशाती है।

•••

एक व्यक्ति को सत्ता कमजोरों का शोषण करने के लिए नहीं, परंतु कमजोरों को आधार देने तथा मदद करने के लिए दी जाती है।

•••

भिखारियों को पैसा दें, उससे पहले आप दूसरों को लूटना बंद करें। जिस हाथ से हम एक व्यक्ति को लूटते हैं, उसी हाथ से हम दूसरों को दान देते हैं। गरीब व्यक्ति को हम वह पैसा देते हैं, जिसे हमने उससे भी अधिक गरीब के पास से छीन लिया है। ऐसा दान देने से तो दान न देना ही अच्छा है।

•••

इस विश्व के सृजन के साथ ही कुछ गलत हुआ है, क्योंकि धनवान लोग ऐसा सोचते हैं कि वे गरीबों के आश्रयदाता हैं, परंतु वास्तव में धनवान तो गरीबों की मेहनत-मजदूरी से ही खाते हैं, पहनते हैं और गरीबों द्वारा सर्जित वैभव भोगते हैं।

•••

मनुष्यों की मेहनत-मजदूरी के संचालन से समृद्धि का सृजन होता रहता है। सामान्य रूप से अमुक लोग श्रम उत्पादित करते हैं और दूसरे लोग उसे मार्गदर्शन देते हैं। वर्तमान में बहुत से लोग इसे 'श्रम विभाजन' (डिवीजन ऑफ लेबर) कहते हैं।

•••

कुछ भी गलत किए बिना, हिंसा का आचरण किए बिना, हिंसा में भाग लिये बिना या हिंसा के प्रतिनिधियों की खुशामद किए बिना जीवन में काम करने से दूर रहना कठिन है।

•••

कोई भी व्यक्ति दो मालिकों की सेवा नहीं कर सकता। वह या तो एक को धिक्कारेगा और दूसरे को चाहेगा अथवा एक का वफादार रहेगा और दूसरे की अवगणना करेगा। आप परमेश्वर और पैसा—दोनों की एक ही साथ सेवा नहीं कर सकेंगे।

•••

राजा द्वारा आपको भेंट-सौगात के रूप में मिला कपड़ा सुंदर होगा, परंतु आपका अपना सादा पहनावा ज्यादा अच्छा है। धनाढ्य व्यक्ति के टेबल पर रखे विविध व्यंजन अच्छे होंगे, पर आपके टेबल पर पड़ा सादे ब्रेड का टुकड़ा हमेशा अधिक स्वादिष्ट होता है।

•••

आप देखेंगे, जो लोग काम करने को तैयार नहीं हैं, वे या तो दूसरों का फायदा उठाएँगे अथवा उनसे अपमानित होंगे।

•••

मुझे ऐसा लगता है कि धन-संपत्ति से खुशी आती है, यह पुराना पूर्वग्रह धीरे-धीरे अविश्वसनीय होता जा रहा है।

•••

अत्यधिक वस्त्र शरीर को मुक्त रूप से चलने-फिरने से रोकते हैं। अत्यधिक धन-संपत्ति हमारी आत्मा की गतिविधि में खलल डालती है।

•••

धन-संपत्ति पाने की इच्छा कभी भी तृप्त नहीं होती। जिनके पास वह है, वे और अधिक पाने की इच्छा से, अधिक-से-अधिक प्राप्त करने की इच्छा से उत्तेजित रहते हैं।

•••

जहाँ आपका हृदय होगा, वहीं आपका खजाना भी होगा। जिस व्यक्ति का खजाना धन-संपत्ति है, वह स्वयं गंदगी में गड़ा हुआ है।

•••

यदि मनुष्य यह स्पष्ट रूप से देख सकें कि धन-संपत्ति पाने से वे क्या-क्या खोएँगे, तो आज वे उसे पाने के लिए जितना प्रयत्न करते हैं, उतना ही प्रयत्न धन-संपत्ति से छुटकारा पाने के लिए करेंगे।

•••

आप ईश्वर और शैतान दोनों की सेवा नहीं कर सकते। केवल आपकी धन-संपत्ति की वृद्धि की देखभाल करने का आपके सच्चे, आध्यात्मिक जीवन की आवश्यकताओं के साथ कोई संबंध नहीं है।

•••

किसी व्यक्ति को धनवान क्यों होना चाहिए? उसके पास महँगे अश्व, खर्चीले कपड़े, सुंदर कमरे और मनोरंजन के सार्वजनिक स्थानों पर जाने की फुरसत क्यों होनी चाहिए? क्योंकि उसके पास उसकी बुद्धि का साथ देने हेतु पर्याप्त विचार नहीं हैं। इस व्यक्ति को उसकी बुद्धि के लिए आंतरिक कार्य दें और वह सबसे अधिक धनाढ्य व्यक्ति से भी ज्यादा खुश होगा।

•••

जो आध्यात्मिक जीवन जीते हैं, उनके लिए धन-संपत्ति अनावश्यक ही नहीं, दुःखदायी भी है। वह व्यक्ति की सच्ची जिंदगी के विकास को अवरुद्ध कर देती है।

•••

वाकई में कोई भला आदमी धनवान हो नहीं सकता। कोई धनवान व्यक्ति वत्सल हो ही नहीं सकता, उसमें कोई शंका नहीं है।

•••

जिनके पास अपने कुटुंब के निर्वाह के लिए आवश्यकता से अधिक विशाल भू-खंड का स्वामित्व है, उन्हें आप दूसरे अनेक व्यक्तियों की गरीबी के लिए जवाबदेह ठहरा सकते हैं।

•••

हम सब इस विश्व के प्रवासी हैं। आप इस विश्व में कहीं भी जाएँगे, उत्तर में, दक्षिण में, पश्चिम में या पूर्व में—कोई-न-कोई मनुष्य आपसे यह कहने के लिए राह ताकता खड़ा होगा, "यह मेरी संपत्ति है। यहाँ से बाहर निकलो!" आप दुनिया के दूसरे देशों में जाएँगे और फिर लौटकर आएँगे, तब आप देखेंगे कि जमीन का एक भी टुकड़ा ऐसा मुक्त नहीं है, जहाँ आपकी पत्नी आपकी संतान को जन्म दे सके, जहाँ ठहरकर आप जमीन पर अपना काम शुरू कर सकें या जहाँ आपके जीवन के अंत में आपके बालक आपका अस्थि-पिंजर दफना सकें।

•••

हमारे चरित्र की तरह हमारी जमीन खरीद और बिक्री की वस्तु नहीं हो सकती। धरती के क्रय-विक्रय के पीछे व्यक्तित्व के बेचने तथा खरीदने की प्रक्रिया छुपी हुई है।

•••

पृथ्वी प्रकृति द्वारा लोगों की दी गई महान् भेंट है और इस विश्व में जन्म लेनेवाले प्रत्येक व्यक्ति को इस धरती का मालिक बनने का अधिकार मिलना चाहिए और यह अधिकार उतना ही नैसर्गिक होना चाहिए, जितना एक व्यक्ति को अपनी माता का वक्षस्थल मिलने का अधिकार है।

•••

हमारे समाज में कोई व्यक्ति जहाँ वह सोता है, उस जगह का भाड़ा दिए बिना वह सो नहीं सकता; उसे मुक्त हवा या पानी मिले, यह अधिकार तभी होता है, जब वह रास्ते पर होता है। उसका एकमात्र अधिकार यह है कि वह इस रास्ते पर चल सकता है; जब तक कि वह थक जाए या चल न सके, तब तक तो उसे चलते रहना पड़ता है।

•••

विश्व में लोग ऐसी चीजें पाने की कोशिश नहीं करते, जो वाकई में अच्छी हों, परंतु ऐसी अनेक चीजों का स्वामित्व पाने का प्रयास करते हैं, जिन्हें वे अपनी संपत्ति कह सकें।

•••

धन-संपत्ति मुझे खेत में खाद की याद दिलाते हैं। जब वह बड़े ढेरों के रूप में होती है तो दुर्गंध फैलाती है, परंतु जब उसे खेत में सभी जगह एक समान रीति से फैला दिया जाना है, तब जमीन को उर्वरा बनाती है।

•••

जमीन के विशाल विस्तारों का व्यक्तिगत स्वामित्व, गुलाम मनुष्यों की मालिकी जितना ही अन्यायी है।

•••

आप यह नहीं कह सकते कि भूमि के स्वामित्व के लिए वर्तमान कानून उचित हैं। हिंसा, अपराध और सत्ता का स्रोत इन कानूनों में है।

•••

जमीन समग्र मानवता की सामान्य एवं एक समान मालिकी की है और इसीलिए वह लोगों की व्यक्तिगत संपत्ति नहीं बन सकती। मेरी बुद्धिमत्ता मुझे सिखाती है कि धरती को बेचा नहीं जा सकता।

•••

संपत्ति के रूप में जमीन का मालिकाना हक सर्वाधिक अप्राकृतिक अपराध हो सकता है। इस अपराध की भयंकरता हम देख नहीं पाते हैं, क्योंकि हमारी दुनिया में उसे कानून के रूप में स्वीकार किया गया है।

•••

जमीन का निजी स्वामित्व लोगों के बीच किन्हीं नैसर्गिक संबंधों से नहीं, परंतु लूटपाट से चला आया है।

•••

जमीन के विशाल टुकड़ों का निजी संपत्ति की भाँति स्वामित्व रखने का अन्याय अन्य अन्यायों की भाँति, दूसरे ऐसे कितने ही अन्यायों से जुड़ा हुआ है, जिनका उपयोग उसकी रक्षा के लिए किया जाता है।

•••

विपुल धन-संपत्ति आपको संतोष नहीं देगी। आपकी धन-संपत्ति जितनी ही बढ़ेगी, उसके साथ उतनी ही आपकी आवश्यकताएँ भी बढ़ेंगी।

•••

आपको इस प्रकार की धन-संपत्ति प्राप्त करनी चाहिए, जिसे चोर आपके पास से चुरा न सकें, जिसे सत्ताधारी आपसे छीन न सकें, जो आपकी मृत्यु के बाद भी आपके साथ रहे, जो कभी खत्म न हो अथवा कभी अलोप न हो जाए। आपकी आत्मा वह संपत्ति है।

•••

गरीबी के दु:ख से बचने के दो ही रास्ते हैं। पहला, अधिक धन-संपत्ति प्राप्त करना और दूसरा, अपनी आवश्यकताओं को सीमित करना। पहला रास्ता सदैव हमारे हाथ में नहीं होता, परंतु दूसरा हमेशा हमारे हाथ में होता है।

•••

अधिक-से-अधिक धन-संपत्ति पाने की कोई उचित मर्यादा तय करना असंभव नहीं, परंतु कठिन अवश्य है।

•••

जीवन-शैली

कतिपय दुष्कृत्य आप दूसरों के साथ करते हैं और कतिपय अपने साथ करते हैं, जब आप दूसरों के भीतर स्थित परमात्मा के अंश को आदर नहीं देते, तब आप अन्यों के साथ कुकर्म करते हैं। आप अपने साथ जो कुकर्म करते हैं, उनमें से एक भुक्खड़पन है। जो व्यक्ति बहुत ज्यादा खाता है, वह आलस्य का सामना नहीं कर सकता और आलसी व्यक्ति कामुक-स्वच्छंदता से लड़ नहीं सकता। सभी आध्यात्मिक बोधों का आरंभ नियंत्रणों से होता है—खाने-पीने पर अंकुशों से होता है।

•••

जब आप बहुत ज्यादा खाते हैं, उस समय अपना मुँह देखिए—उसके द्वारा आपके शरीर में बीमारी प्रवेश कर रही है। इस तरह से आचरण करें कि जब आप भोजन समाप्त करें, तब भी आपको खा सकने की थोड़ी भूख रहे।

•••

भुक्खड़पन को बहुत से लोग पाप नहीं मानते, क्योंकि प्रत्यक्षत: वह कुछ भी नुकसान नहीं करता, परंतु बहुत से पाप ऐसे हैं, जो मानवीय गौरव को समाप्त कर देते हैं और भुक्खड़पन उनमें से एक वैसा ही पाप है।

•••

बीमारी को जीवन की एक प्राकृतिक अवस्था के रूप में देखना चाहिए।

•••

बीमारी लगभग हमेशा व्यक्ति की शारीरिक शक्ति का नाश करती है और व्यक्ति की आत्मा की शक्ति को मुक्त करती है। जो व्यक्ति अपनी चेतना को आध्यात्मिक क्षेत्र में केंद्रित करता है, बीमारी उसकी अच्छाई को नष्ट नहीं कर सकती, उलटे उसे बढ़ाती है।

•••

यदि हम पुनर्जन्म के अस्तित्व पर चिंतन-मनन करें, तो बीमारी हमें एक जीवन में से दूसरे जीवन के निकट ले जाने वाली लगेगी—ऐसा परिवर्तन, जो अनिच्छनीय के बजाय इच्छनीय अधिक है। ऐसी पीड़ा के समय हम यह समझकर कि हमें क्या होगा, खुद को समझा सकते हैं और इसके बाद के अपने अस्तित्व की नई अवस्था के लिए तैयार हो सकते हैं।

•••

अपने स्वास्थ्य की अवगणना आपको दूसरों की सेवा करने से रोक सकती है और अपने शरीर तथा स्वास्थ्य पर जरूरत से ज्यादा ध्यान भी वैसा ही परिणाम दे सकता है। बीच का रास्ता ढूँढ़ने के लिए आपको अपने शरीर का उतना ही ध्यान रखना चाहिए, जिससे वह आपको औरों की सेवा करने में सहायक हो और उनकी सेवा करने से आपको रोके नहीं।

•••

बीमारी से न घबराएँ और ऐसा मत सोचें कि बीमारी आपको आपकी नैतिक जिम्मेदारियों से मुक्त करती है।

•••

सामान्य तौर पर लोग ऐसा सोचते हैं कि जब आप स्वस्थ हों, तभी ईश्वर तथा मानवता की सेवा करना संभव है, यह सच नहीं है। अनेक बार इससे उलटा होता है। ईशु जिस समय क्रॉस पर वेदना भोग रहे थे, तभी उन्होंने ईश्वर तथा समग्र मानवता की सेवा की, इसके उपरांत उन्होंने अपने हत्यारों को माफ भी किया। प्रत्येक व्यक्ति ऐसा कर सकता है। ईश्वर एवं मानव जाति की सेवा के लिए कौन-सी दशा अच्छी है, स्वस्थता या बीमारी, यह आप बता नहीं सकते।

•••

श्रेष्ठ आहार वह है, जो अन्न आप या आपकी संतानें स्वयं बनाएँ।

•••

कोई भी व्यक्ति अपने जीवन—हेतु को बीमारी या स्वस्थता में एक समान रूप से पूर्ण कर सकता है।

•••

अनेक बार जब मैं जानलेवा रोगों से पीड़ित लोगों के साथ काम करता हूँ, उससे मैंने यह सीखा कि सन्निकट आ रही रोगी की मृत्यु को उससे कभी छिपाएँ नहीं; उसके विपरीत उसे उसकी दिव्य आध्यात्मिक प्रकृति के बारे में बताएँ, जो उसके अंदर विकसित होती है और जिसका मृत्यु द्वारा नाश नहीं किया जा सकता—ज्यादा महत्त्वपूर्ण बात है।

•••

व्यक्ति को जो करना है, कोई बीमारी उसे करने से रोक नहीं सकती। यदि आप कुछ भी काम न कर सकें, तो लोगों को अपना प्रेम दीजिए।

•••

अपने शरीर, अपने पात्र का आज ही उपयोग करें, कल वह टूट सकता है।

•••

आपका शरीर शुभ एवं अनिष्ट से भरपूर ऐसा एक शहर है; आप इस शहर के राजा हैं और आपकी बुद्धि आपकी श्रेष्ठ सलाहकार है।

•••

जमीन को जोतनेवाले किसी किसान के श्रम से बढ़कर आनंददायक और कुछ भी नहीं है।

•••

जो अपने आपको धार्मिक गिनाते हैं, उनकी अपेक्षा वे अधिक आदरणीय हैं, जो अपना आहार स्वयं पैदा करते हैं।

•••

खेत पर काम करना और अपना आहार स्वयं पैदा करना, यह सभी लोगों के लिए आवश्यक काम नहीं है, परंतु मानवता के लिए इससे अधिक महत्त्वपूर्ण कोई काम दूसरा नहीं है और दूसरे किसी प्रकार के काम इससे अधिक स्वतंत्रता एवं अच्छाई नहीं देते।

•••

युद्ध के दौरान अतिरिक्त सैन्य दल के रूप में भेजे गए सैनिक अपने पड़ाव पर खाली खड़े हों, उस समय, माथे पर मँडरा रहे खतरों से मन को दूसरी ओर मोड़ने के लिए वे किसी भी प्रवृत्ति में अपने को लगाते हैं। मुझे ऐसा लगता है कि जो लोग अपने को जीवन से बचाना चाहते हैं, वे इन सैनिकों जैसा बरताव करते हैं—कतिपय अपने को आडंबरों में, कुछ ताश खेलकर, दूसरे राजनीति, कानून, स्त्रियों, जुए, घोड़ों, शिकार, शराब या प्रशासन के कामों में स्वयं को जोड़कर अपने चित्त को दूसरी ओर मोड़ते हैं।

•••

मनुष्य यदि अपने को ब्रांडी, शराब, तंबाकू एवं ड्रग्स से जहर देना बंद करे तो मनुष्य जीवन में कितने अद्‌भुत परिवर्तन आ सकते हैं, उसकी कल्पना करना कठिन है। बहुत से लोग कहते हैं, "आप शराब या सिगरेट पिएँ वह महत्त्वपूर्ण नहीं है।" यदि वह महत्त्वपूर्ण नहीं है और आप जानते हैं कि इससे आप अपने आपको हानि पहुँचाते हैं और अपने उदाहरण द्वारा दूसरों को भी, तो फिर बंद क्यों नहीं कर देते ?

•••

हम जिंदगी को आरामदेह बनाने के लिए जो भी करते हैं, वह मुझे ऐसे शुतुरमुर्ग की याद दिलाता है, जो अपने शत्रुओं को देख न सके, इसके लिए अपना सिर छिपा लेता है। हम शुतुरमुर्ग से भी अधिक खराब ढंग से आचरण करते हैं। किसी अस्पष्ट एवं शंकास्पद भविष्य को पाने के लिए हम स्पष्ट रूप से वर्तमान समय के अपने अर्थपूर्ण जीवन को निश्चित रूप से खत्म कर देते हैं।

•••

लोग आजकल मूर्खों की भाँति ऐसा मानने का प्रयत्न करते हैं कि दुनिया की सारी मूर्खता एवं गिन-चुने लोगों का वैभव, बहुतों की भयंकर गरीबी, हिंसा एवं युद्ध—उनके जीवन के बाहर घटित होते हैं और उनकी जीवन-शैली में हस्तक्षेप नहीं करते।

•••

लोग भोग-विलास के पीछे बारंबार इसलिए दौड़ते रहते हैं कि जो भी नया मनोरंजन उनको आकर्षित करता है, उसके खोखलेपन की अपेक्षा वे अपने जीवन के खोखलेपन को अधिक स्पष्ट रूप से देख सकते हैं।

•••

खुशी के लिए काम करना यह आवश्यक पूर्व शर्त है। पहला मनपसंद एवं मुक्त कार्य; दूसरा शारीरिक श्रम, जो आपकी जठराग्नि को जगाता है और बाद में आपको गाढ़ी एवं शांत निद्रा देता है।

•••

जब कोई व्यक्ति काम करना शुरू करता है, उस समय यदि काम एकदम अयोग्य, अनगढ़ या सीधा-सादा हो, तो भी मनुष्य की आत्मा शांत हो जाती है। व्यक्ति जैसे ही काम करना आरंभ करता है कि सभी राक्षस उसे छोड़ देते हैं और उसके समीप नहीं आ सकते। व्यक्ति अंत में मानव बनता है।

•••

काम आवश्यक है। यदि आप अपने मिजाज तथा अभिगम को अच्छा रखना चाहते हों, तो थक जाने तक काम करते रहें, परंतु सामर्थ्य के बाहर नहीं। थककर आप गिर पड़ें, तब तक नहीं। एक सुंदर आध्यात्मिक अवस्था बहुत अधिक काम और आलस्य से भी नष्ट हो सकती है।

•••

निरंतर आलस्य का समावेश नरक की यातनाओं में होना चाहिए, परंतु इसके विपरीत वाकई में उसे स्वर्ग के आनंदों में से एक गिना जाता है।

•••

आपको किसी काम से शर्मिंदा नहीं होना चाहिए, भले ही वह सबसे निम्न या गंदा हो, परंतु आपको सबसे गंदी नैतिक अवस्था से ही शरमाना चाहिए, जो आपका आलस्य है और जो दूसरों की मेहनत-मजदूरी के आधार पर टिकता है।

•••

शारीरिक श्रम, आपके शरीर के लिए शारीरिक व्यायाम जीवन के लिए आवश्यक शर्त है। भले मनुष्य दूसरों को अपने लिए काम करने को मजबूर करें, पर अपने शारीरिक कार्य करने से वह स्वयं को मुक्त नहीं कर सकते। यदि कोई मनुष्य अच्छी और जरूरी बातों के लिए कार्य नहीं करेगा, तो वह अनावश्यक और फालतू बातों के पीछे समय बरबाद करेगा।

•••

अपने स्नायुओं की कसरत किए बिना मनुष्य हो या प्राणी, कोई जी नहीं सकता। यह कसरत आपको आनंद तथा संतोष दे, इसके लिए पर्याप्त शारीरिक श्रम करें। दूसरे लोगों की सेवा करने का भी यह एक उत्तम मार्ग है।

•••

काम करने की प्रक्रिया ही हमारे लिए महत्त्वपूर्ण है। उसका मुआवजा गौण होना चाहिए। यदि आपके लिए मुआवजा अधिक महत्त्वपूर्ण हो और उसकी तुलना में काम कम महत्त्वपूर्ण हो, तो आप मुआवजा और उसके सर्जक शैतान के गुलाम हैं और यह शैतान समस्त असुरों में सबसे नीच और अधम है।

•••

शाकाहार

कभी ऐसा भी समय था, जब लोग एक-दूसरे को खा जाते थे—आदमी आदमी को ही खाता था, अब वे ऐसा नहीं करते, किंतु अभी भी लोग प्राणियों को तो खाते ही हैं। ऐसा समय भी आएगा ही, जब अधिक से अधिक लोग इस भयंकर आदत को छोड़ेंगे।

•••

प्राणियों को मारने एवं खाने का पूर्वग्रह ऐसे लोग रखते हैं, जो ऐसा सोचते हैं कि ईश्वर ने प्राणियों को तो लोगों को खाने के लिए ही बनाया है, इसलिए उन्हें मारने में क्या गलत होना चाहिए? यह सच नहीं है। किन्हीं पुस्तकों में शायद लिखा होगा कि प्राणियों को मारने में कोई पाप नहीं है, परंतु किसी भी पुस्तक की अपेक्षा हमारे हृदयों में अत्यंत स्पष्ट रूप से लिखा हुआ है कि हम जिस तरह एक-दूसरे के साथ करुणा का बरताव करते हैं, उसी तरह पशु-पक्षियों के साथ भी हमें सहानुभूति दरशानी चाहिए। यदि हमने अपनी अंतरात्मा की आवाज को मार न डाला हो, तो हम सब यह जानते ही हैं।

•••

प्राणियों के प्रति हमारे अभिगम में किसी नैतिकता के पालन की आवश्यकता नहीं है, उनके प्रति हमारी कोई नैतिक जिम्मेदारी नहीं है, ऐसी हमारी मान्यता त्रुटिपूर्ण है। इससे तो हमारी संपूर्ण अशिष्टता और असभ्यता ही बेपरदा होती है।

•••

हमारे समय में मौज-शौक या आहार के लिए प्राणियों को मार डालना लगभग अपराध माना जाता है और शिकार करना या मांस खाना कोई तुच्छ बात नहीं है, बल्कि दुष्कर्म गिने जाते हैं, जो अन्य दुष्कर्मों की भाँति दूसरे अधिक खराब कुकर्मों की ओर ले जाते हैं।

•••

एक समय ऐसा था, जब लोग मनुष्य का मांस खाते थे और उसमें उन्हें कुछ भी गलत नहीं लगता था; आज भी ऐसे असभ्य आदिमानव हैं। धीरे-धीरे लोगों ने मानव-मांस खाना बंद कर दिया; अब वे धीरे-धीरे प्राणियों का मांस खाना भी बंद कर रहे हैं, हालाँकि उसमें बहुत समय बीता है, परंतु ऐसा समय भी अवश्य आएगा, जब लोगों में आज मानव-मांस खाने के लिए जितनी घृणा या जुगुप्सा है, वैसी ही प्राणियों का मांस खाने के लिए भी होगी।

•••

बालकों के प्राकृतिक स्वाद को मारकर उन्हें मांस खाने के लिए जबरदस्ती न करना अत्यंत महत्त्वपूर्ण बात है, केवल उनके स्वास्थ्य के लिए नहीं, परंतु उनके चरित्र के लिए भी। हम इसका कारण नहीं जानते, किंतु हम जानते हैं कि जो लोग ज्यादा मांस खाते हैं, सामान्यतया वे क्रूर होते हैं।

•••

मांस खाने के विरुद्ध की तार्किक दलीलें इतनी मजबूत नहीं हैं। तर्क अच्छी वस्तु है, परंतु अमुक बातों में उसका गज छोटा पड़ता है, परंतु यह जान लें—व्यक्ति दूसरे जीवों के प्रति जितनी अधिक करुणा दिखलाए, उतना ही वह अधिक अच्छा और भला मानव है। खेल-कूद या आहार के लिए प्राणियों को मारना एक क्रूर बात है।

•••

मांस खाने के विरोध की सभी दलीलें चाहे जितनी भी मजबूत हों, वे इस हकीकत के सम्मुख निरर्थक हैं कि प्राणियों में वही जीव और प्राण होता है, जिसका अस्तित्व हमारे अंदर है।

•••

हमें ऐसा लगना चाहिए कि प्राणी की जान लेने में हम कुछ आत्महत्या के निकट जैसा आचरण कर रहे हैं। जिनमें यह भावना है, उनके लिए मांस खाने के विरुद्ध दूसरी किसी दलील की जरूरत नहीं है।

•••

यदि किसी भी गंभीर रीति से विचार किया जा सके, वैसी बात से उचित सिद्ध होता, तो मांस खाना संभव बन सकता था, परंतु वैसा नहीं है; मांस खाना केवल एक खराब वस्तु है, जो बिना किसी उचित कारण के अस्तित्व में है।

•••

अपने रीति-रिवाज एवं परंपरा के भाग स्वरूप इसे यदि हमने अंधे होकर स्वीकार न किया होता, तो कोई भी संवेदनशील व्यक्ति ऐसा विचार किस तरह स्वीकार कर सकता है कि हमारा पेट भरने के लिए इतनी बड़ी संख्या में प्राणियों को मारना चाहिए और वह भी इस हकीकत के बाद कि हमारी पृथ्वी पेड़-पौधों द्वारा हमें कितने विविध खाद्य भंडार की आपूर्ति करती है।

•••

इन दोनों में बड़ा अंतर है—एक ओर किसी व्यक्ति के पास मांस के सिवा आहार का कोई अन्य विकल्प नहीं है और दूसरी ओर, आज का शिक्षित व्यक्ति, जो ऐसे देश में रहता है, जहाँ शाक-सब्जी और दूध विपुल मात्रा में है और मांस न खाने की सूचना दी गई है। यदि शिक्षित व्यक्ति यह सब जानने के बाद भी ऐसा करना जारी रखेगा, तो भारी पाप में पड़ेगा।

•••

अस्तित्व को बचाए रखने के लिए किस तरह के संघर्ष से या कैसे पागलपन द्वारा आप अपने हाथ से लहू बहाकर प्राणियों को खाने के लिए मजबूर होते हैं? आपके पास जीवन की सभी सुख-सुविधाएँ हैं, तो फिर ऐसा किसलिए करते हैं?

•••

जीव हत्या न करें—ये शब्द केवल किसी व्यक्ति को मार डालने के लिए ही नहीं, परंतु कुछ भी, जो जीवित है, उसका वध न करने के संदर्भ में हैं। यह आदेश माउंट साइनाई पर सुनने को मिला, उसके पहले के लोगों के हृदय पर अंकित था।

•••

शाकाहार के विरुद्ध वे चाहे जितनी दलीलें करें, गाय, भेड़ों तथा मुर्गों को मारने से होनेवाली जुगुप्सा और करुणा की संवेदना अनुभव करनेवाले मनुष्य स्वयं को रोक नहीं सकेंगे। यदि स्वयं ही इन प्राणियों को मारना होता, तो उसके बजाय अधिकांश लोग मांस खाना बंद करना ही अधिक पसंद करते।

•••

यदि पढ़ने और लिखने से लोगों को सभी प्राणियों के प्रति अधिक वत्सल बनने में मदद न मिलती हो, तो उससे शिक्षा प्राप्त नहीं होती।

•••

मांस खाने की मूर्खता, अराजकता और हानि—शारीरिक एवं नैतिक दोनों इतने स्पष्ट हैं कि मांसाहार किसी विचारशक्ति से नहीं, परंतु पुरानी परंपराओं एवं पूर्वग्रहों से ही कायम है। हमें मांसाहार करने की अतार्किकता के बारे में दलील भी नहीं करनी चाहिए; वह स्वत: स्पष्ट बात है।

•••

बहुत अधिक मांस आपके शरीर को शक्तिशाली बनाता होगा, पर वह आपके मन को कमजोर कर देता है।

•••

लोग जितनी ज्यादा शिक्षा पाएँगे और हमारी प्रजा जितनी अधिक विकसित होगी, लोग उतना ज्यादा प्राणियों की जगह वनस्पति खाने की ओर अग्रसर होंगे।

•••

प्राणियों के प्रति करुणा भलाई के साथ इतनी प्रगाढ़ता से जुड़ी हुई है कि आप वाकई में ऐसा कह सकते हैं कि यदि व्यक्ति प्राणियों के प्रति क्रूर है, तो वह भला व्यक्ति हो ही नहीं सकता। प्राणियों के प्रति करुणा उसी स्रोत से आती है, जिससे लोगों के लिए करुणा आती है।

•••

कोई व्यक्ति अन्य प्राणियों को अनावश्यक यातना पहुँचाने से नहीं, परंतु उन पर दया रखने से उनसे उच्च स्तर का होता है।

•••

ईश्वर से डरें, प्राणियों को यातना-दुःख न दें। उन्हें आपकी सेवा करने दें और जब वे थके हों, उस समय उन्हें आराम करने दें; जो जीव मूक हैं, उन्हें पर्याप्त आहार और पानी दें।

•••

अपने बच्चों को जीव-जंतुओं को मारने की अनुमति न दें; वे मनुष्यों को मारने के रास्ते की तरफ जाएँ, उसके लिए यह प्रथम चरण है।

•••

प्रत्येक हत्या भयंकर होती है, परंतु सबसे भयंकर हत्या वह होती है, जिसमें आप द्वारा मारे गए जीव को आप खाना चाहते हैं, जब आप अपने पेट के संतोष के लिए हत्या करते हैं।

•••

दूसरे जीवों के प्रति करुणा की भावना मुझे अपने शरीर के भीतर की पीड़ा के एहसास की याद दिलाती है। जैसे आप समय के साथ पीड़ा के एहसास के प्रति कम संवेदनशील होते जाते हैं, उसी तरह आप दूसरों के प्रति कम करुणामय होते जाते हैं।

•••

जुलाई

क्रियाशीलता, सेवाभाव एवं जीवन-ध्येय

•••

अपने या दूसरों के शब्दों में विश्वास न करें;
कर्मों में विश्वास करें।

•••

कार्य कोई सद्गुण नहीं है,
परंतु वह सदाचारी जीवन की आवश्यक शर्त है।

•••

जब आप अकेले हों और लोभ-लालचों से मुक्त हों,
तब अपना जीवन-ध्येय निश्चित करें।

•••

प्रेम व्यक्ति को उसके जीवन का उद्देश्य प्रदान करता है,
यह उद्देश्य किस तरह सिद्ध करना है, वह उसे बुद्धि सिखलाती है।

•••

•••

न तो आसमान, न जमीन, न तो पहाड़ों की गुफा—
इस विश्व में कोई ऐसी जगह नहीं है,
जहाँ व्यक्ति अपने दुष्कर्मों से बचने के लिए भाग सके।

•••

हड़बड़ी और कुढ़न में किया गया काम
दूसरे लोगों का ध्यान आकर्षित करता है।
सच्चा काम हमेशा शांत, सातत्यपूर्ण और झट से ध्यान न खींचनेवाला होता है।

•••

जीवन अल्प है। अपने जीवन की सर्वाधिक महत्त्वपूर्ण बातें भूलें नहीं—
दूसरों के लिए जीना और उनके लिए अच्छा करना...।

•••

जो यह कहते हैं कि अच्छा करने से दुःख सहन करना पड़ता है,
तो वे न ईश्वर को मानते हैं, न तो ऐसा कुछ करते हैं,
जो वाकई में अच्छा हो।

•••

केवल कठोर परिश्रम करनेवाला व्यक्ति बनना पर्याप्त नहीं है।
सोचें, आप क्या कर रहे हैं?

•••

हमारे अस्तित्व का सही उद्देश्य इस विश्व में
अस्तित्व रखनेवाले अनंत जीवन को समझना है।

क्रियाशीलता

अच्छे जीवन के लिए केवल बातें करना नहीं, परंतु अच्छे काम करना भी महत्त्वपूर्ण बात है।

•••

किसी भी व्यक्ति को इस जीवन में विशेषाधिकार, लाभ या सुविधा नहीं मिल सकती। हमारे दायित्वों एवं कर्तव्यों की कोई सीमा नहीं है या उनका कोई अंत नहीं है। हमारा प्रथम एवं सर्वाधिक महत्त्वपूर्ण कर्तव्य यह है कि हम अपने एवं अन्य लोगों के जीवन के लिए प्रकृति के साथ संघर्ष करें।

•••

किसी कामकाज में व्यस्त न रहना यह पाप है, भले गुजारा करने के लिए आपको दिन-प्रतिदिन काम करना जरूरी न हो।

•••

आलस्य के कारण अत्यंत उत्कृष्ट एवं असाधारण कही जाएँ, ऐसी प्रतिभाएँ भी नष्ट हो जाती हैं।

•••

कार्य करने जैसा दूसरा कुछ भी ऐसा नहीं है, जो मनुष्य को उत्तम भाव की अनुभूति कराए। कार्य के बिना कोई भी व्यक्ति मानव-गौरव अनुभव नहीं कर सकता। इसी कारण से ही आलसी एवं अकर्मण्य लोग सतही एवं बाह्य मार्गों द्वारा अपना महत्त्व जताने की कोशिश करते रहते हैं। उन्हें पता है कि इसके सिवा दूसरे लोग उनका तिरस्कार ही करेंगे। आप अभी जो कर सकते हैं, उस सद्कर्म को कभी भी स्थगित न करें, क्योंकि मृत्यु को इससे कोई लेना-देना नहीं है कि आपको जो करना चाहिए था, वह आपने किया है या नहीं। मृत्यु किसी के या कुछ के लिए रुकती नहीं। उसका न तो कोई शत्रु है, न कोई मित्र।

•••

ऐसा सोचना कि मौज-मजा और आनंद महत्त्वहीन हैं और कई बार अनिष्टकारी होते हैं—यह अत्यंत सामान्य रूप से प्रवर्तित भ्रांति है; उदाहरण के लिए इसलाम या प्राचीन पुरातन रुढ़िचुस्त ईसाई धर्म या कतिपय जरूरत से ज्यादा अक्ल का इस्तेमाल करनेवाले लोग ऐसा मानते हैं। मौज-मजा, यह काम जितना ही महत्त्वपूर्ण है और वह काम के बदले मिलनेवाला पारिश्रमिक भी होता है। काम अनंत रूप से नहीं चल सकता और सामान्यतया आवश्यक आराम में थोड़े मनोरंजन के समय का भी समावेश होना चाहिए। मौज-मजा निम्नलिखित तीन मामलों में ही खराब है, जब अपनी मौज-मजा की इच्छाओं को संतुष्ट करना असंभव होने पर हम अपने लिए दूसरे लोगों से काम करवाएँ, जब यह तय करने के लिए कि किसको सबसे अधिक उम्दा मजा मिलेगा, हम किन्हीं स्पर्धात्मक खेलों का आयोजन करें और जब मौज-मजा कुछ निश्चित गिने-चुने लोगों के लिए ही हो, परंतु यदि इन अनिष्टों का निवारण हो सके, तो मौज-मजा अनिष्टकारक न होकर शुभ होता है, विशेष रूप से युवकों के लिए।

•••

काम और मौज-मजा क्रमशः एक के बाद दूसरा आता रहे, इस तरह क्रमशः चलना चाहिए। उससे हमारा जीवन आनंदमय हो जाता है, हालाँकि प्रत्येक काम या हर एक मौज-मजा इस तरह नहीं किया जा सकता।

•••

कठोर परिश्रम के बाद विश्राम करना, यह श्रेष्ठतम एवं शुद्ध आनंदों में से एक है।

•••

जिन कामों को नियति ने हमारे लिए सर्जित किया है, उन्हें हमें ईमानदारी एवं निष्ठा से पूरा करना चाहिए। हम कभी देवदूत बनने की आशा रखते हों या फिर ऐसा मानते होते हों कि तुच्छ वीरबहूटी जैसे प्राणी में से पैदा हुए हैं, उससे कुछ भी फर्क नहीं पड़ता।

•••

पूरे समय तक काम करते रहें। काम आपके लिए आफत है, ऐसा न सोचें तथा अपने काम के लिए किसी प्रशंसा या पारिश्रमिक की अपेक्षा न रखें।

•••

मेरे भाइयो, कोई मनुष्य यह कहता है कि वह धार्मिक है, परंतु वह कुछ करता नहीं है, तो उसका क्या लाभ? क्या धर्म उसे बचा सकेगा? यदि कोई पुरुष या स्त्री भूखी हो या दैनिक आहार से वंचित हो और आपमें से कोई उसे कहेगा कि आप आश्रय, तृप्ति एवं शांति का अनुभव करें; परंतु आप वे चीजें उसे न दें, जिनकी शरीर को जरूरत है, तो फिर क्या लाभ? धर्म भी यदि कुछ नहीं करता, तो वह एकाकी एवं मृत के बराबर है...। आप देखें कि केवल कर्म से ही मनुष्य का औचित्य सिद्ध होता है, केवल धर्म से नहीं...क्योंकि जैसे प्राण के बिना शरीर मृत है, वैसे ही कार्य के बिना की श्रद्धा भी मृत ही है।

•••

कोई व्यक्ति कानून जानता है, किंतु उसका पालन नहीं करता, तो वह मुझे उस व्यक्ति की याद दिलाता है, जो खेत जोतता है, परंतु उसमें बीज नहीं डालता। यदि कोई व्यक्ति स्वयं, जिसे ईश्वरीय कानून समझता है, पर उसे परिपूर्ण करने के लिए आतुर नहीं है, तो वह न तो ईश्वर को मानता है, न ही कानून को।

•••

हम अपने दिव्य स्वभाव को जितना अधिक समझें, हमारे कार्यों से उतना ही अधिक उसके नियम परिपूर्ण होने चाहिए।

•••

जिनके शरीर आलस्य तथा ऐशो-आराम से भरे हैं, वे यदि ऐसा सोचते हों कि वे उच्च आध्यात्मिक जीवन जी सकते हैं, तो भूल कर रहे हैं।

•••

अपने कर्मों को उचित ठहराने का प्रयत्न कभी भी न करें।

•••

आपके जीवन के भविष्य की दिशा पर आपके भूतकाल के कर्मों का भारी प्रभाव पड़ता है; परंतु अपने पुरुषार्थ द्वारा आप यह दिशा बदल सकते हैं।

•••

अपने पुरुषार्थ से बढ़कर व्यक्ति की अन्य कोई पात्रता हो नहीं सकती। अपने पुरुषार्थ में व्यक्ति जैसा होता है, वाकई में वैसा दिखता है। नैतिक परिपूर्णता के लिए पुरुषार्थ एक आवश्यक शर्त है।

•••

कीर्ति-प्रसिद्धि के लिए किए गए कार्य हमेशा खराब होते हैं, चाहे उनके परिणाम कुछ भी हों। अच्छाई को पाने एवं कीर्ति-प्रसिद्धि पाने की इच्छाओं से प्रेरित कार्य एक जैसे खराब हैं। कार्य तभी अच्छा है, जब उसका प्रयोजन ईश्वर के कानून को परिपूर्ण करना हो।

•••

स्वयं काम में अत्यंत व्यस्त हैं, ऐसा ढोंग करनेवाले आलसी लोगों की प्रवृत्तियाँ केवल हास्य-विनोद की पूर्ति करती हैं, वास्तव में तो वे दूसरों के भार में वृद्धि ही करते हैं। वैभवी मनोरंजन की समस्त प्रवृत्तियों के लिए, ऐसा कहा जा सकता है।

•••

यदि आपको इस बात की तीव्र इच्छा हो कि आपकी प्रशंसा की जाए, तो अंतत: आप कुछ भी गंभीर और महत्त्वपूर्ण प्राप्ति नहीं कर सकेंगे।

•••

जो लोग वाकई में वत्सल होते हैं, वे भूतकाल में किए गए अपने सत्कर्मों को भुला देते हैं। वे इस समय जो कुछ कर रहे हैं, उसमें इतने तन्मय होते हैं कि उन्होंने पहले जो चीजें की हैं, उन्हें भूल जाते हैं।

•••

जब आप अपने कर्तव्य का निर्वहन कर रहे हों, तब आपको यह समझना चाहिए कि आपके लिए वह श्रेयस्कर है। इस दायित्व के भार का उत्तम उपयोग करें और जिस तरह आमाशय आपके शरीर के लिए जरूरी सभी तत्त्व आपके आहार में से ग्रहण कर लेता है, जैसे लकड़ी डालने पर आग और प्रकाश देकर जलती है, उसी तरह आपके मानसिक जीवन के लिए जो भी आवश्यक हो, वह सबकुछ इस भार का निर्वहन करने की प्रक्रिया में से ग्रहण कर लें।

•••

हमारे कर्म न तो हमारी इच्छाओं जितने उत्तम होते हैं, न तो उतने अधम।

•••

दूसरे लोगों की आलोचनाओं को अपने कर्मों का फल बनने दें, उनका उद्देश्य नहीं।

•••

सर्वोच्च सद्गुण कभी भी अनिष्ट न करना है—अपने शत्रुओं का भी नहीं। यदि आप स्वयं को आदर देते होंगे, तो आप कभी दुष्कर्म नहीं करेंगे, किसी सूक्ष्म रूप से भी नहीं।

•••

जब आप किसी गेंद को आकाश में फेंकते हैं, तो वह वहाँ नहीं टिकती, किंतु धरती पर लौट आती है; उसी तरह आपके अच्छे या बुरे कर्म किसी अन्य स्वरूप में, आपके हृदय की इच्छानुसार, आपके पास लौटेंगे, आप चाहे जो भी मार्ग अपनाएँ।

•••

दुष्कर्म करना किसी जंगली जानवर को चिढ़ाने जैसा जोखिम भरा है। इस विश्व में अधिकतर मामलों में, अनिष्ट सबसे खराब एवं कठोर स्वरूप में अनिष्टकर्ता के पास लौट आते हैं।

•••

जब तक अनिष्ट अच्छी तरह पक नहीं जाता, उस समय तक दुष्ट व्यक्ति खुश होता है, परंतु जब उसके दुष्कर्म भलीभाँति पककर तैयार होते हैं, तब उसे समझ में आता है कि अनिष्ट वाकई में क्या है और जैसे पवन के सामने फेंकी गई धूल हो, वैसे ही उसका कृत्य उसके पास वापस आएगा।

•••

यदि आपके साथ किसी ने दुर्व्यवहार किया हो, तो जिसने आपके साथ दुर्व्यवहार किया है, उससे प्रेम करने की कोशिश करें। यदि आपने किसी के साथ दुर्व्यवहार किया हो, तो आपने जिस अनिष्ट का सृजन किया है, उसे सुधारने की कोशिश करें।

•••

जो व्यक्ति बदला लेने का विचार करता रहता है, वह अपने ही जख्मों को और खराब करता है। यदि वह ऐसा करने से दूर रहेगा, तो उसके जख्म भरेंगे।

•••

सेवाभाव

दूसरे लोगों के लाभ एवं क्षेम-कुशल के लिए निस्स्वार्थ काम करने से बढ़कर किसी व्यक्ति के लिए और कोई आशीर्वाद हो नहीं सकता।

•••

हम पर पड़नेवाले सूर्यप्रकाश से जो प्रभामंडल दिखता है, वह हमारे निजी व्यक्तित्व द्वारा रचित परछाईं ही है। जब हम दूसरों के लिए जीते हैं, तब हम अपने खुद के लिए ही जीते होते हैं। संभवत: यह बात विचित्र लगे, किंतु कोशिश करके देखिए और आप अपने स्वानुभव से यह देख सकेंगे।

•••

जैसे अग्नि मोम को पिघला देती है, वैसे ही दूसरे के लिए किए गए सत्कर्म स्वार्थी जीवन का नाश करते हैं।

•••

आपको अपने आपको स्वामी के रूप में नहीं सेवक के रूप में स्वीकार करना चाहिए और फिर आपकी सभी बुरी भावनाएँ, चिंताएँ, बेचैनी, अनिश्चितता और असंतोष शांति एवं स्थितप्रज्ञता में बदल जाएँगे। आप अपने अंदर अपने हेतु के लिए स्पष्ट दृष्टि एवं उच्च आनंद से भर जाएँगे।

•••

जिन्होंने अपने जीवन को आध्यात्मिक आदर्श के लिए समर्पित करने का निर्णय किया है, वे कभी असंतुष्ट या खिन्न नहीं होंगे, क्योंकि उन्हें जो चाहिए, वह उनके वश में ही है।

•••

व्यक्ति मौज-मजा के लिए जितना अधिक प्रयत्न करता है, उसके लिए असल अच्छाई या प्रेम प्राप्त करना उतना ही कम संभव होता है।

•••

उनको ईश्वर की सेवा करनी चाहिए, इस समझ से बढ़कर, लोगों के जीवन को प्रबुद्ध करे और उनके बोझ को हलका करे, वैसा कुछ भी नहीं है।

•••

केवल ईश्वर के लिए जीने हेतु, आपको ऐसे कार्य करने चाहिए, जिन्हें कोई कभी भी ढूँढ़ न सके। ऐसा करें और आप एक विशेष आनंद का अनुभव करेंगे।

•••

जीवन-ध्येय

यह कोई नहीं जानता कि मनुष्य जाति कहाँ जा रही है? इसलिए बुद्धिमानी यह जानने में है कि आपको कहाँ जाना चाहिए—संपूर्णता की ओर।

•••

आपके कर्म आपके आस-पास के लोगों की इच्छाओं से नहीं, बल्कि समग्र मानव जाति की आवश्यकता से तय होने चाहिए।

•••

किसी भी व्यक्ति के पास जीवन के अर्थ की संपूर्ण समझ नहीं हो सकती। व्यक्ति केवल उसकी दिशा ही जान सकता है।

•••

ऐसा लगता है कि अपने जीवन का हेतु खोजे बिना जीना असंभव है और किसी भी व्यक्ति को जो काम सबसे पहले करना चाहिए, वह है जीवन के अर्थ को समझना। किंतु अधिकांश लोग, जो स्वयं को शिक्षित मानते हैं, उन्हें ऐसा अभिमान होता है कि वे ऐसी ऊँचाई पर पहुँच गए हैं, जहाँ वे अस्तित्व के अर्थ के लिए परवाह करना बंद कर देते हैं।

•••

किसी व्यक्ति को उसके जीवन के हेतु का पता न भी चले, परंतु उसे किस तरह जीना चाहिए, यह तो जानना ही चाहिए। किसी बड़े कारखाने का कर्मचारी अपनी मजदूरी का हेतु जाने, यह जरूरी नहीं है, किंतु वह अच्छा कर्मचारी हो, तो उसे जो करना है, वह अच्छी तरह से कैसे करना है, यह जानना चाहिए।

•••

यह महत्त्वपूर्ण नहीं है कि हमारा स्थान क्या है, महत्त्वपूर्ण यह है कि हम किस दिशा में आगे बढ़ रहे हैं?

•••

भविष्य में हमारी जिंदगी में कोई भी सकारात्मक परिवर्तन हो सके, उसके लिए मुख्य अवरोधों में से एक यह है कि अपनी वर्तमान प्रवृत्तियों तथा कार्यों में आवश्यकता से अधिक हमारी व्यस्तता। लेवी ने अपना टैक्स का काम छोड़ा, पीटर ने तालाब में से मछलियाँ पकड़ना बंद कर दिया, पाउल ने पादरी का पद त्याग दिया। इन सभी ने अपना काम इसलिए छोड़ दिया, क्योंकि उन्हें लगा कि वैसा करना जरूरी था।

•••

हमारे समक्ष सदैव पूछने लायक सबसे महत्त्वपूर्ण प्रश्न है—क्या हम सही कर रहे हैं? इस छोटी-सी अवधि में, जिसे हम अपनी जिंदगी कहते हैं, जिस शक्ति ने हमें इस विश्व में भेजा है, हमारे कर्म उसकी इच्छा तथा मर्जी के साथ मेल खा रहे हैं? क्या हम सही कर रहे हैं?

•••

अपने जीवन के अर्थ की स्पष्ट समझदारी के बिना, धर्म के बिना, व्यक्ति किसी भी क्षण अच्छाई की अवगणना करके अनिष्ट की पूजा करना आरंभ कर सकता है।

•••

जरा कल्पना कीजिए कि यदि आपके जीवन का हेतु मात्र खुशी हो तो जिंदगी एक क्रूर एवं अर्थहीन वस्तु बन जाती है। मानवता की समझदारी, आपकी बुद्धि और हृदय आपसे जो कह रहे हैं, उसे आपको गले लगाना और अपनाना ही होगा—जिस शक्ति ने आपको इस विश्व में भेजा है, उसकी सेवा करना ही आपके जीवन का हेतु और अर्थ है, फिर तो समग्र जीवन निरंतर आनंदमय बना रहेगा।

•••

जीवन का अर्थ उनके ही समक्ष प्रकट होता है, जो रहस्य-स्फोट हो रही बातों को स्वीकार करने के लिए तैयार हों और वह व्यक्ति स्वयं है, सत्य नहीं, जिसने तय किया है कि वह सत्य को जैसा वह होगा, वैसा ही स्वीकार करेगा और उससे वह व्यक्ति जिस जीवन-शैली का आदी है, वह बदल जाएगी।

•••

प्रत्येक पक्षी को यह पता होता है कि उसे अपना घोंसला कहाँ बनाना है और यदि वह जानता हो कि कहाँ और कैसे अपना घोंसला बनाना है, तो उसका यह अर्थ हुआ कि उसे अपने जीवन का उद्देश्य पता है। पक्षी भी जानते हैं, तो फिर मनुष्य, जो सभी प्राणियों में सर्वाधिक बुद्धिमान कहा जाता है, उसे यह पता नहीं है कि जीवन में उसका उद्देश्य क्या है?

•••

जो लोग समझे बिना जीते हैं, उन्हें अपनी नींव का पता नहीं है, उन्हें दुःख ही मिलेंगे।

•••

मैं कौन हूँ? मुझे क्या करना चाहिए? मुझे किसे मानना चाहिए और किस चीज की आशा रखनी चाहिए? दार्शनिक लिशनबर्ग के कथनानुसार, सभी दर्शन इन प्रश्नों में समाहित हैं, परंतु इन सभी प्रश्नों में जो बीच का है, वह सबसे महत्त्वपूर्ण है। यदि व्यक्ति यह जानता हो कि उसे स्वयं क्या करना है, तो वह सबकुछ समझ जाएगा, जो उसे जानना चाहिए।

•••

अगस्त

हिंसा, युद्ध
एवं समाज-सुधार

•••

हरेक गलतफहमी जहर है, हानिकारक न हो,
ऐसी कोई गलतफहमी नहीं है।

•••

यदि मेरे सैनिक विचार करना शुरू करें,
तो मेरी सेना में एक भी सैनिक नहीं बचेगा।

•••

मानवता को बचाने की जगह
प्रत्येक व्यक्ति को स्वयं को बचा लेना चाहिए।

•••

व्यक्तियों के नैतिक सुधारों द्वारा ही
समाज में सुधार हो सकते हैं।

•••

•••

हिंसा से लोगों को दबाकर वश में करने में कभी भी न्याय नहीं है।

•••

मानव इतिहास में कभी भी जैसा था,
उसकी तुलना में आज युद्ध अधिक भयंकर है।

•••

हत्या सदैव अपराध है, भले किसी ने भी किया हो
अथवा चाहे जैसे भी उसे उचित ठहराया जाता हो।

•••

विश्व में सबसे महान् सुधार हमेशा धीरे-धीरे एवं क्रमशः हुए हैं,
विस्फोटों या क्रांतियों द्वारा नहीं।

•••

युद्ध को तभी रोका जा सकता है, जब लोग उसमें सहभागी होने के बदले
जुल्म सहन करने को तैयार हों। केवल यही एक रास्ता है।

•••

आप किसी व्यक्ति को ममता और प्रेम सिखा सकने में सक्षम हों,
किंतु यदि आप वैसा नहीं करते, तो आप एक बंधु को खो देते हैं।

•••

इस विश्व में जो सबसे भयंकर भूल की गई है, वह है—
राजनीति विज्ञान को नैतिकता से अलग करने की।

•••

शांति एक ऐसी स्वतंत्रता है, जो प्रत्येक व्यक्ति के अधिकार की
स्वीकृति पर आधारित है, जबकि परतंत्रता इन अधिकारों एवं
मानव-गौरव की अस्वीकृति है।

हिंसा

जिन लोगों के हाथ में सत्ता है उन्हें ऐसा विश्वास है कि हिंसा द्वारा ही लोगों को चलाया जा सकता है, इसलिए विद्यमान व्यवस्था को टिकाए रखने के लिए वे हिंसा का उपयोग करते हैं। परंतु वर्तमान व्यवस्था हिंसा पर नहीं, लोक-मत पर आधारित है।

•••

जो हिंसा पर आधार रखते हैं, वे गलत ढंग से बरताव करते हैं। सुंदर व्याख्यान देनेवाले समझदार नहीं हैं, जो धिक्कार और भय से मुक्त हैं, वाकई में वे ही समझदार मनुष्य हैं।

•••

किसी व्यक्ति का सृजन दूसरों को दबाकर वश में करने या दूसरों के आदेश का पालन करने के लिए नहीं हुआ है। दोनों प्रकार के आचरण में लोग भ्रष्ट हुए हैं। पहले में वे अपने को जरूरत से अधिक महत्त्व देते हैं और दूसरे में अत्यंत कम आदर की धारणा बना लेते हैं। दोनों रास्तों में बहुत कम गौरव है।

•••

लोगों को अब बल-प्रयोग करने की अच्छी-खासी आदत पड़ गई है। उन्हें हिंसाविहीन जीवन की कल्पना करना असंभव लगता है।

•••

मनुष्य की प्रवृत्तियों को मार्गदर्शन देने के दो मार्गों का अस्तित्व है। एक रास्ता व्यक्ति से उसकी इच्छा के विरुद्ध बलात् कुछ भी करवाना है; दूसरा रास्ता उसकी इच्छाओं को मार्गदर्शन करना है, उसे विवेक-बुद्धि से समझाना है। एक मार्ग हिंसा का है; उसका उपयोग अज्ञानी लोग करते हैं और अंत में उन्हें संपूर्ण निराशा मिलती है और दूसरा मार्ग अनुभव द्वारा पुष्ट होता है और वह हमेशा सफल रहता है।

•••

लोग समझदार मनुष्य हैं; वे अपनी बुद्धि की सूचना के अनुसार, जीने की क्षमता रखते हैं और देर-सबेर वे हिंसक अवस्था से संपूर्ण संवादिता एवं समझदारी की अवस्था में रूपांतरित होंगे। हिंसा का प्रत्येक कृत्य वर्तमान को आज से बहुत दूर पीछे धकेल देता है।

•••

ईश्वर में श्रद्धा रखे बिना आप लोगों से कुछ भी करवाने के लिए बल-प्रयोग कर सकते हैं, परंतु उसमें आप उन्हें सहमत नहीं कर पाते हैं। आप निरंकुश तानाशाह बन सकते हैं, पर शिक्षक नहीं बन सकते।

•••

हिंसा इसलिए हानिकारक है कि वह धन-संपत्ति के वेश में आती है, इसीलिए वाकई में तो जिसके प्रति घृणा होनी चाहिए, ऐसी बातों के लिए वह थोड़ा सम्मान पैदा करती है।

•••

किसी व्यक्ति ने अनिष्ट किया है, इसलिए दूसरा व्यक्ति या व्यक्तियों का कोई समूह इस अनिष्ट से लड़ने के लिए दूसरे अनिष्ट पैदा करने से अधिक कुछ भी सोच नहीं सकता, जिसे वे 'सजा' कहते हैं।

•••

सजा सदैव क्रूर होती है, सदैव पीड़ादायक होती है।

•••

प्रत्येक सजा किसी तर्क या न्याय की भावना पर आधारित नहीं होती, बल्कि जिसने आपके साथ या किसी अन्य व्यक्ति के साथ बुरा किया है, उसका बुरा करने की इच्छा पर ही आधारित होती है।

•••

विज्ञान के नाम पर हम अनेक बार शर्मनाक एवं कई बार हानिकारक कार्य करते हैं, उसका सबसे सबल प्रमाण इस सजा के विज्ञान का अस्तित्व है, जो स्वयमेव ही मनुष्य के ज्ञान में हो, ऐसा सबसे अज्ञानतापूर्ण घृणाजनक काम है—मनुष्य के विकास के सबसे निम्न स्तर की यह निशानी है, किसी बालक या पागल मनुष्य से भी अधिक निम्न स्तर।

•••

प्राचीनकाल में जब लोग रीछ को मारना चाहते थे, तब वे शहद के बरतन पर एक बहुत वजनदार लकड़ी के मोटे कुंदे लटकाते थे। रीछ बरतन के पास आकर शहद खाने के लिए लकड़ी के कुंदे को जोर से धक्का मारता। लकड़ी का कुंदा झूलकर वापस आकर रीछ को धक्का मारता। यह तब तक चलता रहता, जब तक कि रीछ मर न जाता। जब लोग दूसरी ओर से प्राप्त अनिष्ट के विरुद्ध अनिष्ट व्यवहार करते हैं, तब वे इस रीछ की भाँति ही करते हैं। क्या मनुष्य रीछ से ज्यादा समझदार नहीं बन सकते ?

•••

हमें याद रहना चाहिए कि सजा देने की इच्छा खुद निम्न प्राणी-वृत्ति का एक भाग है, इसे हमें संयमित करना चाहिए और वह हमारी वास्तविकता का अंश नहीं होना चाहिए।

•••

दूसरे लोगों को सजा देना यानी आग में अधिक ईंधन के लिए लकड़ी डालना! प्रत्येक अपराध के भीतर ही उसकी सजा होती है और लोगों द्वारा सर्जित सजा की अपेक्षा वह अधिक निष्ठुर और न्यायपूर्ण होती है।

•••

पापी लोगों ने जब कभी दूसरों को सजा देने का अधिकार लिया था और तभी हमारे समस्त दुर्भाग्यों की शुरुआत इसमें से हुई।

•••

कुछ लोग ऐसा सोचते हैं कि दूसरों पर बिना हिंसा के राज करना असंभव है, इसलिए कुछ लोग जैसा घोड़े के साथ करते हैं, वैसा ही जनता के साथ करते हैं; उनकी आँखों पर पट्टी बाँध देना, जिससे अधिक आज्ञाकारी बनकर वे एक ही वृत्त में चलते रहें।

•••

प्राचीन समाज-रचना की नींव हिंसा थी। हमारे समकालीन समाज का आधार समझदारीपूर्ण सुमेलन है, जो हिंसा का विरोधी है।

•••

सभी मामलों में जब लोग हिंसा का प्रयोग करें तो आपको उन्हें ऐसा न करने के लिए सहमत करना चाहिए। आपको ऐसी विवेकपूर्ण, प्रतीतिजनक दलीलें करनी चाहिए, जो उनकी दिन-प्रतिदिन की दुनिया को नहीं, बल्कि उनकी उच्च आध्यात्मिक समझदारी को अपील करें। यदि आप इसमें सफल होंगे, तो फिर आपको अपनी अंतरात्मा में संपूर्ण संतोष होगा।

•••

यदि किसी व्यक्ति को आप हिंसा द्वारा ही वश में करना चाहते हों, तो वैसी बुद्धि का क्या हेतु है?

•••

आपको ऐसा लगे कि कोई आपके साथ गलत करने का दोषी है, तो उसे माफ करें। यदि आपने कभी भी किसी दोषी को पहले माफ नहीं किया है, तो आप नए आनंद का अनुभव करेंगे—क्षमादान का आनंद!

•••

सभी हिंसा प्रेम की विरोधी है, हिंसा में सहभागी न बनें।

•••

युद्ध

सभी जीवों को पीड़ा एवं मृत्यु का भय लगता है। प्रत्येक जीव में स्वयं को समझने की कोशिश करें। किसी को यातना न दें और किसी को मारें नहीं। दु:ख एवं हत्या रोकें। आपको जो चाहिए, वही सभी जीवों को चाहिए; सभी जीव अपने जीवन के लिए स्तुति करते हैं।

•••

किसी जीवित व्यक्ति की हत्या, किन्हीं भी अपवादों या विशेष संयोगों द्वारा न्यायोचित नहीं ठहराई जा सकती। सभी धर्मों के उपदेशों में या सभी लोगों की अंतरात्मा में यह अभिव्यक्त होता ही है कि हत्या ईश्वरीय कानून का सबसे अधम कहा जा सके, वैसा कानून-भंग है।

•••

अंतत: सभी मनुष्यों में एक-सी दिव्य शक्ति जीवित ही होती है, इसलिए किसी व्यक्ति या व्यक्ति-समुदाय को यह अधिकार नहीं है कि वह किसी मनुष्य के शरीर और इस दिव्य शक्ति के बीच उसके योग को नष्ट करे और उसकी हत्या करे।

•••

एक बालक दूसरे बालक से मुसकराते हुए मिलता है, ऐसा करके वह अपना मैत्रीपूर्ण अभिगम एवं आनंद व्यक्त करता है। सभी संनिष्ठ व्यक्तियों का व्यवहार भी ऐसा ही होता है, फिर भी अनेक बार एक देश का एक आदमी, स्वयं जिससे कभी मिला नहीं है, ऐसे दूसरे देश के अन्य आदमी को पहले से ही धिक्कारता है और उसे खूब यातना देता है या उसे मौत के घाट उतारने के लिए भी तैयार हो जाता है। जो लोग राष्ट्रों के बीच ऐसी भावना उत्पन्न करते हैं, वे भयंकर अपराध कर रहे हैं।

•••

युद्ध ऐसी स्थिति उत्पन्न करता है कि अंत में अधिकतर सत्ता एवं मान-कीर्ति सबसे नालायक और दुष्ट लोगों के हाथों में जा पहुँचती है।

•••

लोग ऐसा सोचते हैं कि समुदाय में होनेवाली हत्याओं को वे युद्ध कहेंगे, तो ऐसी सामूहिक हत्याओं को वाकई में खून या अपराध नहीं माना जाएगा।

•••

विदेशी राष्ट्रों के साथ युद्ध न्यायोचित या पवित्र होता है, वह सच नहीं है। यह पृथ्वी रक्त माँगती है, यह भी सच नहीं है। पृथ्वी अपनी नदियों के लिए आकाश से स्वच्छ पानी माँगती है, बादलों से स्वच्छ ओस माँगती है, परंतु रक्त नहीं माँगती। ईश्वर युद्ध को तथा युद्ध में शामिल सभी को शाप देता है।

•••

सरकारें युद्ध के लिए जो कारण देती हैं, वे सदैव आँखों पर परदा डालने वाले होते हैं और वाकई में उनके पीछे बिल्कुल विपरीत कारण एवं इरादे होते हैं।

•••

युद्ध की दुर्दैव घटनाओं और युद्ध की तैयारियों का, युद्ध के लिए दिए जाने वाले स्पष्टीकरणों के साथ बहुत कम संबंध होता है—असली कारण तो सामान्य तौर पर इतने क्षुद्र होते हैं कि वास्तव में तो वे चर्चा के योग्य भी नहीं होते और जो लोग मरते हैं, उनके लिए वे सर्वथा अनजान होते हैं।

•••

युद्ध के अनिष्टों की बात करने का समय आ गया है। यह सच नहीं है कि युद्ध की उपस्थिति उसकी आवश्यकता का प्रमाण है। मानव जाति का इतिहास बतलाता है कि ऐसी चीजें होनी नहीं चाहिए।

•••

युद्ध के दौरान ही यह समझ में आ जाता है कि लाखों-करोड़ों लोगों को किस तरह चालाकी से बहकाया गया है! जन-समाज, लाखों-करोड़ों लोग ऐसा करने में गर्व अनुभव करते हैं, जिन्हें वे स्वयं ही मूर्खतापूर्ण, अनिष्ट, जोखिमकारक, पीड़ादायक एवं अपराध गिनते हैं और इन बातों की वे कड़ी निंदा करते होते हैं, फिर भी वे वैसा करना जारी रखते हैं।

•••

न तो युद्ध के या न उसकी भयंकर क्रूरताओं या अत्याचारों के वर्णन लोगों को उसमें शामिल होने से रोकते हैं। ऐसा होने का एक कारण यह है कि युद्धों के अत्याचारों को देखने के बाद सब लोग ऐसा समझते हैं कि यदि इतनी भयंकर चीज का वास्तव में अस्तित्व हो और लोगों द्वारा स्वीकार की जाती हो, तो उसके अस्तित्व के पीछे अवश्य कोई तो कारण होगा ही!

•••

युद्ध हत्या है। भले युद्ध करने के लिए चाहे जितने भी लोग जुटें या वे अपने को चाहे जिस नाम से पुकारें, हत्या दुनिया का सबसे खराब अपराध है। अधिकांश लोग अब किसी भी युद्ध की केवल अनुपयोगिता ही नहीं, उसके पीछे की मूर्खता और क्रूरता को भी समझते हैं।

•••

जब तक लोग सरकार के राज्य करने, कर लगाने, कानून बनाने एवं सजा करने की सत्ता को अस्वीकार नहीं करते, तब तक युद्ध कदापि बंद नहीं होंगे। युद्ध सरकार की सत्ता के परिणाम हैं।

•••

इस विश्व में युद्ध राजनेताओं द्वारा रुकनेवाला नहीं है, जो युद्ध की भोक्ता पीढ़ी है, उसके द्वारा ही रुकेगा। वे अत्यंत स्वाभाविक काम करेंगे—आदेश-पालन बंद करेंगे।

•••

पृथ्वी ग्रह के लोग विकास के अत्यंत निम्न स्तर पर हैं। प्रतिदिन अखबारों में आप सैन्य-संधियों, युद्ध की तैयारियों, सामूहिक मनुष्य-वध के बारे में समाचार पढ़ते हैं। लोग ऐसा नहीं समझते कि प्रत्येक व्यक्ति की जिंदगी उसकी अपनी व्यक्तिगत, निजी संपत्ति है।

•••

शस्त्रसज्ज विश्व और जो युद्ध आरंभ करते हैं, वे तो एक दिन खत्म हो जाएँगे, परंतु इस दुनिया के शासकों और राजाओं द्वारा नहीं। युद्ध तो उनके लिए लाभकारी होता है। युद्ध का शिकार बने लोग जिस क्षण पूरी तरह से यह समझ जाएँगे कि युद्ध कैसा अनिष्ट है, उसी क्षण ही युद्ध रुक जाएगा।

•••

युद्धों के समस्त त्रासों और जगुप्सा की अपेक्षा ज्यादा खराब है—उसके द्वारा पैदा किए गए विकृत मानस। सेनाएँ विद्यमान हैं और युद्ध के कारण चुकाई गई कीमत का भी अस्तित्व है और लोग जो हैं, उसका स्पष्टीकरण खोजने के लिए कोशिश करनेवाले ही हैं। युद्ध का स्पष्टीकरण बुद्धि से मिल सके, ऐसा नहीं है, अतः बाद में उसे न्यायोचित सिद्ध करने के लिए लोग बौद्धिक विकृतियाँ पैदा करते हैं। वह समय अवश्य आएगा ही, जब लोग युद्ध की मूर्खताओं को समझेंगे।

•••

युद्ध या सैन्य अस्तित्व को न्यायसंगत सिद्ध करने की कोशिश न करें। यदि आप इन अनिष्ट बातों का स्पष्टीकरण देने के लिए तर्कबुद्धि का उपयोग करेंगे, तो वह प्रयास आपकी ही बुद्धिमत्ता को कुंद करेगा और आपके हृदय को विषाक्त बना देगा।

•••

क्या इससे भी बढ़कर कुछ और वाहियात वस्तु है कि किसी व्यक्ति के पास केवल इसलिए ही मुझे मार डालने का अधिकार है कि वह और मैं नदी के दो आमने-सामने किनारों पर रहते हैं और हमारे राजा परस्पर लड़ रहे हैं?

•••

युद्ध द्वारा जो भौतिक हानि होती है, वह बहुत अधिक होती है, फिर भी युद्ध के समय शुभ एवं अशुभ बातों की विकृत समझ, जब स्वयं विचार न कर सकनेवाले लोगों के हृदय में बिठाई जाती है, तब जो हानि होती है, उसकी तुलना में, यह हानि आनुपातिक दृष्टि से बहुत कम होती है।

•••

आप मुझसे पूछते हैं कि क्या सभ्य समाज के लोगों के लिए युद्ध करना आवश्यक है? और मैं आपसे कहता हूँ कि वह सदा अनावश्यक ही रहा था, वह कभी भी जरूरी था ही नहीं, कभी भी नहीं, बल्कि हमेशा वह मानवता के सामान्य विकास का नाश करता है, न्याय का समूल नाश करता है और समस्त प्रगति अवरुद्ध कर देता है।

•••

जब तक हिंसा है, युद्ध रहनेवाला ही है। हिंसा को किसी और अधिक हिंसा द्वारा नहीं, केवल उसके सम्मुख अवरोधों और उसमें असहभागिता द्वारा ही उसे रोका जा सकता है।

•••

≈ समाज-सुधार ≈

दूसरे उनके जीवन को सुधार देंगे, लोग इस तरह जितना अधिक सोचेंगे, सुधार उतनी ही अधिक धीमी गति से होगा।

•••

सभी महान् विचार जीवंत होते हैं और वे विकसित तथा परिवर्तित हो सकते हैं। वे वृक्ष की तरह बदलते और विकसित होते हैं, बादलों की तरह नहीं।

•••

वस्तुओं की वर्तमान व्यवस्था का क्रम सुधारा जा सकता है।

•••

आत्मसमर्पण या त्याग द्वारा ही समाज को सुधारा जा सकता है।

•••

कोई बालक किसी प्रौढ़ व्यक्ति पर हुक्म चलाए अथवा एक मूर्ख किसी बुद्धिमान व्यक्ति को मार्गदर्शन दे, उनमें प्राकृतिक नियमों का भंग होता है। उसी तरह यह प्राकृतिक नियम के विरुद्ध है कि लोगों का एक लघु समूह भोग-विलास में लिप्त रहे, जबकि एक विशाल भूखे समूह की मूलभूत आवश्यकताएँ भी पूरी न होती हों!

•••

यदि कोई व्यक्ति हमारे विश्व को दूर से निहार सके, तो वह इतनी अधिक मूर्खता एवं घृणा देखेगा कि शायद वह रो पड़े। हम इतने सारे विचित्र, मूर्खतापूर्ण और घृणित एवं दरिद्र बनाने के काम कर रहे हैं। एक व्यक्ति वन्य पशुओं का शिकार करता है और स्वयं भी पशु बन जाता है; दूसरे लोग घोड़ों तथा गधों को खिला-पिलाकर बोझ उठवाते हैं और जो लोग भूख से मर जाते हैं, उनका तिरस्कार करते हैं। अन्य लोग अपार धन खर्च करके विशाल भवन बनाते हैं और बेघर लोगों के लिए कुछ भी नहीं करते। बहुत से लोग केवल नफा ही ढूँढ़ते हैं, दूसरे बहुत से लोग केवल भोग-विलास के लिए खर्च करते हैं, तो कुछ लोग चोरी करते हैं। इन सभी अतिरेकों में, इन समस्त आपराधिक आचरणों में, हम ऐसे लोगों को देखते हैं, जो केवल अपनी ही देखभाल करना चाहते हैं, इस विश्व में सबसे अधिक जरूरी क्या है, उसका विचार भी नहीं करते।

•••

मनुष्य के मन के लगभग समस्त प्रयास श्रमिकों के कार्य को सरल बनाने की दिशा में नहीं, किंतु वे ऐशो-आराम करनेवालों के प्रमाद को अधिक सुखकारी बनाने की दिशा में चल रहे हैं।

•••

जो गुलाम अपनी दशा से खुश है, वह दुगुना गुलाम है, क्योंकि उसका शरीर ही नहीं, उसकी आत्मा भी गुलाम है।

•••

व्यक्ति की स्वतंत्रता अत्यंत महत्त्वपूर्ण मुद्दा है और समग्र राष्ट्र की स्वतंत्रता की शुरुआत भी एक व्यक्ति की स्वतंत्रता से ही होती है।

•••

आपको अपनी, अपने पड़ोसी की एवं सभी लोगों की स्वतंत्रता का सम्मान करना चाहिए।

•••

जो स्वयं को एक आध्यात्मिक जीव के रूप में देखता है, वही दूसरों के आध्यात्मिक गौरव को समझ सकता है। ऐसा व्यक्ति आध्यात्मिक मनुष्य के लिए जो योग्य न हो, वैसा कोई काम करके स्वयं को पतित नहीं करेगा।

•••

राज्य की हिंसा को फरमानों द्वारा समाप्त नहीं किया जा सकता, केवल सत्य एवं प्रेम द्वारा किया जा सकता है। पूर्ववर्ती पीढ़ियों के लिए सरकारी हिंसा जरूरी रही होगी, शायद अभी भी जरूरी हो, परंतु लोगों को इस प्रकार की भावी सरकार की कल्पना करनी पड़ेगी, जिसमें हिंसा की आवश्यकता न रहे।

•••

जिन देशों में समझदार लोग सत्ता में हैं, वहाँ नागरिक अपने शासकों की हस्ती को नहीं गिनते।

•••

अपनी आत्मा को ही सुधारें और विश्वास रखें कि ऐसा करने से ही आप स्वयं जिस व्यापक समाज के अंग हैं, उसके सुधार में योगदान दे सकेंगे।

•••

संस्कृति सर्वप्रथम नैतिक मुद्दा है। सत्य, कर्तव्यपालन के प्रति आदर, पड़ोसी के लिए प्रेम और सद्गुणों के अभाव में सबका नाश हो जाता है। केवल सामाजिक नैतिकता ही संस्कृति की नींव है।

•••

मनुष्य के विचार की योग्य दिशा सरकार द्वारा नए कानून बनाने के पक्ष में नहीं है, बल्कि प्रत्येक व्यक्ति के नैतिक गौरव की स्वीकृति के पक्ष में है।

•••

किसी ध्येय को सिद्ध करने के लिए आपको जहाँ वह है, वहाँ से थोड़ा आगे देखना पड़ता है, ताकि आप उसे सफलतापूर्वक पूर्ण कर सकें; न्यायी बनने के लिए आपको आत्म-बलिदान देना चाहिए, स्वयं के प्रति अन्यायी बनना चाहिए।

•••

कोई भी व्यक्ति अपने सभी कृत्यों में संपूर्ण रूप से न्यायी नहीं बन सकता, परंतु एक न्यायप्रिय व्यक्ति अपने प्रयत्नों द्वारा एक अन्यायी व्यक्ति की अपेक्षा संपूर्ण रूप से अलग दिख सकता है; जैसे एक सत्यनिष्ठ व्यक्ति केवल सच बोलने के अपने प्रयत्नों के कारण झूठ बोलनेवाले से अलग दिखता है।

•••

जीवन का एक ही नियम है, जो मूल्यवान् है—भले ही आप बारंबार अन्याय का सामना करते रहें, फिर भी नम्र रहें।

•••

आप संपूर्ण रूप से न्यायी नहीं बन सकते। कभी आप बहुत कम न्याय करेंगे, तो दूसरी बार बहुत ज्यादा न्याय कर बैठेंगे। न्याय के मामले में गलत न करने का एक ही रास्ता है; सदैव सबकुछ बदलते रहें, वस्तुएँ सुधारते रहें, उनको बेहतर बनाते रहें।

•••

सच्चा कानून केवल एक ही है, ईश्वरीय कानून; जो समग्र मानवजाति के लिए एक समान है। मानवीय कानून तभी उचित कहलाएँगे, जब वे ईश्वरीय कानून के साथ सुसंगत हों।

•••

ईश्वरीय कानून को परिपूर्ण करने के मार्ग में सर्वप्रथम और सबसे बड़ा, कठिन अवरोध यह हकीकत है कि हमारे समाज में प्रचलित कानून इस कानून के संपूर्ण विरुद्ध होते हैं।

•••

जीवन संबंधी सर्वाधिक महत्त्वपूर्ण प्रश्नों का अध्ययन करने के लिए सभी को, जीवन के सभी गंभीर प्रश्नों के बारे में पूर्ववर्ती सदियों में निर्मित पूर्वग्रहों तथा झूठों का नाश करना चाहिए।

•••

ईश्वरीय कानून मानवीय कानूनों के विपरीत हैं, तो हमें क्या करना चाहिए? क्या हमें ईश्वरीय कानून को दबाकर मानवीय कानूनों की जय-जयकार करनी चाहिए? लोगों ने लगभग 19वीं सदी तक ऐसा ही किया है और यह विरोध और विसंगति अधिकाधिक शक्तिशाली होती जा रही है। इसका एक ही हल है—वर्तमान कानूनों के स्थान पर ईश्वरीय कानून की स्थापना करना।

•••

जो मानवीय कानून ईश्वरीय कानून पर आधारित होते हैं, वे अच्छे होते हैं। ईश्वरीय कानूनों के विपरीत हों ऐसे, मानवीय कानून खराब हैं; हमें उन कानूनों को बदलना चाहिए।

•••

जब हम गलत एवं हिंसक कानूनों को स्वीकार करके उनके अधीन हो जाएँ, तब हम न तो सत्य की स्थापना कर पाते हैं, न तो इस विश्व के असत्यों से लड़ पाते हैं।

•••

समझदारीपूर्वक उत्पादन करने की अपेक्षा, समझदारीपूर्वक उपयोग करना बहुत ज्यादा अटपटा है। पाँच व्यक्ति, जो उत्पादन करेंगे, उसे एक व्यक्ति बहुत आसानी से इस्तेमाल कर लेगा और इसलिए प्रत्येक व्यक्ति तथा प्रत्येक राष्ट्र के सम्मुख प्रश्न यह नहीं है कि हम उत्पादन कैसे करते हैं, बल्कि यह है कि हम उत्पादनों का उपभोग कैसे करते हैं?

•••

राष्ट्रप्रेम कोई सद्गुण नहीं है। जो संस्था पूर्वग्रह का मूर्त स्वरूप है, उसके लिए अपने जीवन का बलिदान देना, आपका कर्तव्य नहीं हो सकता।

•••

लोग स्वार्थी कारणों के लिए बहुत-सी खराब चीजें करते होते हैं; वे अपने कुटुंबों के लिए उससे भी खराब काम करते हैं, परंतु सबसे खराब काम तो वे देशप्रेम के नाम पर करते हैं और इन अपराधों के लिए उन्हें गर्व महसूस कराया जाता है—जासूसी करना, अनुचित रूप से भारी कर वसूलना, जिंदगियों का बलिदान देना और युद्ध करना।

•••

अपने देश को प्रेम करना तथा अपने कुटुंब को प्रेम करना—ये दोनों सद्गुण हैं, ये जब सीमा लाँघकर अतिरेक करें और आपके पड़ोसी-प्रेम को हानि पहुँचाएँ, तब दुर्गुण बन जाते हैं।

•••

परिवार तथा मातृभूमि ऐसे वृत्त हैं, जो अंतत: मानवता रूपी विशाल वृत्त के ही भाग हैं। जो नैतिकता सिखलाते हैं; परंतु जो अपने कर्तव्यों को केवल परिवार एवं राष्ट्र तक सीमित रखते हैं, वे ऐसा स्वार्थीपन सिखलाते हैं, जो हम सबके लिए खतरनाक है।

•••

जो आत्माएँ गलत मार्ग पर भटक जाती हैं, वे अपनी स्वच्छंदता से पलायन के लिए देशप्रेम का सहारा लेती हैं।

•••

मनुष्य का उद्देश्य समग्र मानव-जाति की सेवा करना है, दूसरे लोगों को हानि पहुँचाकर किसी एक की मदद करना नहीं।

•••

बाह्य स्वरूपों के बदलने से सांस्कृतिक सुधार के मार्ग पर प्रभाव पड़ता है, यह धारणा ठीक है या नहीं, इसकी जाँच करनेवाला कोई हो, ऐसा लगता नहीं है। यह धारणा गलत है और वाकई में हमारा जीवन सुधरे, ऐसी प्रवृत्ति से अनेक व्यक्तियों के प्रयत्नों को वह दूर ले जाती है।

•••

इस विश्व में एक ही ऐसी चीज है, जिसके लिए अपना पूरा जीवन समर्पित किया जा सके और वह है, लोगों के बीच और अधिक प्रेम का सृजन करना और उनके बीच जिन विघ्नों का अस्तित्व है, उनका नाश करना।

•••

समग्र मानवता के साथ हमारे ऐक्य की समझदारी, हम सब की दिव्यस्रोत की समझदारी में से आती है और वह हम सभी को सर्वश्रेष्ठ अच्छाई देती है। सच्चा धर्म यह समझदारी ही निर्मित करता है और राज्य, राष्ट्र या जाति जैसे विभिन्न पूर्वग्रह इसमें व्यवधान डालते हैं।

•••

आपके साथ जो अनिष्ट हुआ, उसका प्रत्युत्तर आपको अच्छाई से देना चाहिए। ऐसा करने से दुष्ट लोगों को अनिष्ट करने में जो मजा आता है, उसका आप नाश कर देंगे।

•••

प्रेम का सच्चा संदेश तो बलवान है। अनिष्ट विकसित होकर शक्तिशाली बने, उससे पहले ही वह अनिष्ट का नाश करता है।

•••

व्यक्ति अपने आत्मसम्मान को जिस तरह समझ सकता है, उसी के अनुसार, वह अपने जीवन-ध्येय को भी समझ सकता है। एक धार्मिक व्यक्ति ही जीवन में अपने उद्देश्य को समझ सकता है।

•••

हम जब दूसरों की जिंदगी को अपनी जिंदगी की भाँति ही संवेदित करते हैं, तब हम ईश्वर के आदेश को परिपूर्ण करते हैं।

•••

प्रत्येक व्यक्ति के अपने अंदर समग्र मानवता के जीवन को समझने की क्षमता निहित है। भले यह क्षमता आत्मा के अंदर अत्यधिक गहराई में छिपी हो, परंतु उसका अस्तित्व है और जल्दी या देर से, व्यक्ति उसे खोज ही निकालेगा।

•••

प्रेम, संबंध एवं संवाद-कला

• • •

जिनसे हम डरते हैं और जो हमसे डरते हैं,
उन्हें हम प्रेम नहीं कर सकते हैं।

• • •

व्यक्ति के पास जितना कम प्रेम होता है,
वह उतना अधिक दुःखी होता है।

• • •

यदि आप अपने शत्रुओं को प्रेम करेंगे,
तो आपका कोई शत्रु ही नहीं रहेगा।

• • •

अपनत्व के अभाव में सत्य नहीं है;
अपनत्व के बिना सत्य कहा नहीं जा सकता है।

• • •

•••

सच्चा प्रेम किसी एक निश्चित व्यक्ति के साथ के प्रेम के संदर्भ में नहीं है,
परंतु सबको प्रेम करने की आध्यात्मिक अवस्था है।

•••

सभी लोगों के अंदर जीवित दिव्यता की चिनगारी एक ही है,
प्रत्येक व्यक्ति की ऐसी समझदारी ही प्रेम की बुनियाद है।

•••

मोटी शाखा में से यदि एक छोटी टहनी काटें, तो वह समग्र वृक्ष से अलग हो जाती है। इसी तरह जब एक व्यक्ति दूसरे व्यक्ति से बहस करे, तब वह समग्र मानवता से अलग हो जाता है।

•••

कुटुंब-प्रेम स्वार्थी भावना है और इसीलिए उसके नाम पर खराब,
लाँछनरूप कार्य हो सकते हैं।

•••

आपको जितनी बार यह अफसोस हो कि आपने कुछ नहीं बोला,
उससे सौ गुना बार आपको यह पछतावा होगा कि आप मौन नहीं रहे।

•••

मनुष्य-मन में निर्मित खयालों को वहन करने के लिए
व्यक्ति की जीभ पर्याप्त साधन है, परंतु सच्ची एवं
गहन भावनाओं के क्षेत्र के लिए हमारी जीभ बहुत कमजोर है।

•••

आप बोलना शुरू करें, उससे पहले आपके पास सोचने का समय हो,
तो इस तरह विचार करें—क्या बोलना आवश्यक है ?
मुझे जो कहना है, उससे किसी को कुछ हानि तो नहीं होगी ?

प्रेम

ऐसी भावना, जो मानव-जीवन के समस्त विरोधाभासों को सुलझाती है और सर्वोच्च आनंद देती है, जो सभी लोगों के लिए परिचित है—वह भावना प्रेम है।

•••

प्रेम कोई स्रोत या उद्गमस्थल नहीं है, वह हम सबके भीतर विद्यमान दिव्यता का, आध्यात्मिक स्रोत संबंधी हमारी समझदारी का परिपाक है, परिणाम है।

•••

जैसे एक माँ अपने एकमात्र बालक की रक्षा करने और उसे बचाने के लिए अपनी जान जोखिम में डालती है, उसी तरह प्रत्येक मनुष्य को प्रत्येक जीवित व्यक्तित्व के लिए अपने भीतर के प्रेम की रक्षा करनी चाहिए।

•••

समझदार व्यक्ति प्रेम इसलिए नहीं करता कि उसे उसमें से कुछ लाभ लेना होता है, अपितु उसे प्रेम में ही परमानंद अनुभव होता है, इसलिए वह प्रेम करता है।

•••

प्रेम द्वारा हमें जो निर्भयता, स्थितिप्रज्ञता, आंतरिक शांति एवं आनंद मिलते हैं, वे इतने महत्त्वपूर्ण हैं कि उनके साथ विश्वभर की सभी बातों की तुलना नहीं की जा सकती—विशेषरूप से जो व्यक्ति वाकई में प्रेम नामक आशीर्वाद को समझता है, उसके लिए यह सत्य है।

•••

मनुष्य प्रेम के आधार पर जीते हैं—आप स्वयं को चाहेंगे, तो यह आपकी मृत्यु का आरंभ है। आप अन्य मनुष्यों और ईश्वर को चाहेंगे, तो जीवन का आरंभ है।

•••

भूतकाल के लिए अफसोस न करें। अफसोस करने से क्या लाभ? असत्य ऐसा कहता है कि आपको अफसोस करना चाहिए। सत्य यूँ कहता है कि आपको प्रेम से परिपूर्ण रहना चाहिए। सभी उदास यादों को अपने से दूर करें। भूतकाल की बात ही न करें। प्रेम के प्रकाश में जिएँ और आपको सभी वस्तुएँ दी जाएँगी।

•••

दूसरे मनुष्यों के लिए प्रेम से हम खूब सद्भाव का अनुभव करते हैं और उससे हम दूसरे लोगों और ईश्वर के साथ एकरूपता का अनुभव करते हैं।

•••

ईश्वर ही प्रेम है। जो प्रेममय होकर जीते हैं, वे ईश्वरमय होकर जीते हैं और ईश्वर उनके अंदर निवास करता है। यदि हम एक-दूसरे को चाहते हैं, तो ईश्वर हमारे भीतर निवास करता है।

•••

जीवन में आपका मुख्य काम अपनी आत्मा का ध्यान रखना है। आपको अपनी आत्मा की परवाह करते हुए उसे सुधारने का प्रयत्न करना चाहिए और आप उसे केवल प्रेम द्वारा ही सुधार सकते हैं।

•••

समस्त धार्मिक उपदेशों का सार प्रेम है। ईसाई धर्म की विशेषता प्रेम-विषयक संदेश है—प्रेम की मुख्य शर्त के लिए स्पष्ट एवं निश्चित मार्गदर्शन है : अनिष्ट एवं हिंसा का प्रतिकार न करना।

•••

जब तक मैं यह न देख लूँ कि ईशु का मुख्य आदेश—अपने शत्रु को प्रेम करो—परिपूर्ण हो रहा है, तब तक मैं ऐसा ही मानता रहूँगा कि बहुत से लोग सच्चे ईसाई नहीं हैं, बल्कि ईसाई होने का ढोंग करते हैं।

•••

ऐसा सोचना गलत है कि ऐसा समय भी हो सकता है, जब बिना प्रेम के किसी व्यक्ति को हानि पहुँचाए बिना आप संबोधित कर सकते हैं। आप निर्जीव वस्तुओं के साथ प्रेम के बिना कार्य कर सकते हैं—लकड़ी काटना, ईंट बनाना, लोहे के औजार बनाना—परंतु लोगों के साथ बिना प्रेम के काम नहीं कर सकेंगे, जैसे सावधान रहे बिना आप मधुमक्खियों के साथ काम नहीं कर सकते, जो लक्षण मधुमक्खी का है, वही लोगों का भी है—यदि उनके साथ खूब सतर्क नहीं हैं तो आप उन्हें तथा स्वयं को हानि पहुँचाएँगे। इसके विपरीत कुछ और नहीं हो सकता, क्योंकि पारस्परिक प्रेम हमारे अस्तित्व का मुख्य सिद्धांत है।

•••

हमें इस तरह से जीना चाहिए, जिससे धरा पर प्रेम के साम्राज्य का सृजन करना संभव हो सके। आपको हिंसा-आधारित नहीं, बल्कि प्रेम-आधारित जीवन जीना चाहिए।

•••

शरीर और आत्मा के बीच का निरंतर संघर्ष कभी पूरा नहीं होगा। यह संघर्ष शाश्वत है और जीवन का सत्त्व है। जीवन का उद्देश्य प्रेम करना है, सभी को प्रेम से सराबोर करना है। वह अशुभ में से शुभ में मंद-क्रमिक परिवर्तन है, असल जीवन का निर्माण है, जीवन प्रेम से भरपूर है।

•••

व्यक्ति जितना अधिक स्वयं को प्रेम व्यक्त करता है, लोग उसे उतना ही अधिक चाहते हैं; और लोग उसे जितना अधिक प्रेम करते हैं, उतना ही उसे लोगों को चाहना सरल हो जाता है। इस तरह प्रेम शाश्वत है।

•••

प्रेम दूसरे लोगों में न खोजें और आपको अपने लिए प्रेम नहीं है, यह फरियाद न करें।

•••

प्रेम के बिना दूसरा कुछ भी आपके पास अच्छाई नहीं ला सकता है और प्रेम से प्रेरित प्रत्येक कर्म, चाहे वह कितना भी छोटा और महत्त्वहीन क्यों न हो, बाद में आपको कोई फल तो देगा ही।

•••

स्वयं को प्रेम करने के लिए दूसरों पर दबाव न डालें, केवल दूसरों को प्रेम करें और आपको प्रेम मिलेगा ही।

•••

प्रेम करने का अर्थ यह है कि आप जिनको चाहते हैं, उनके जीवन में ही जिएँ।

•••

जैसे शरीर के लिए स्वास्थ्य है, वैसे ही आत्मा के लिए भलाई है। जब आपके पास वह होती है, तब आप उस पर ध्यान ही नहीं देते।

•••

जब एक मनुष्य दूसरे मनुष्य के लिए स्वयं का त्याग कर सके, तभी प्रेम सच्चा कहा जाएगा; जब दूसरे व्यक्ति की खातिर व्यक्ति अपने आपको बिसार देता है, दूसरे व्यक्ति के लिए जीता है, तो इस प्रकार के प्रेम को ही सच्चा प्रेम कहा जाता है। ऐसे प्रेम में ही हम जीवन के आशीर्वाद और मर्म का अनुभव कर सकते हैं। यही विश्व का आधारभूत सिद्धांत है।

•••

विश्व की सुविधाओं पर इस विश्व के सभी मनुष्यों का एक समान अधिकार है, जैसा कि कुछ लोग मानते हैं कि समानता केवल कानूनी या सामाजिक कदम उठाने से स्थापित नहीं की जा सकती। वह ईश्वर एवं सामान्य जनता के प्रति प्रेम द्वारा ही स्थापित की जा सकती है और इस प्रेम का उद्भव सामाजिक नहीं, परंतु आध्यात्मिक ज्ञान के परिणामस्वरूप ही हो सकता है।

•••

जीवन का हेतु उसके सभी अवतरणों में प्रेम को अभिव्यक्त करना है।

•••

खुश रहने के लिए आपको प्रेम करना चाहिए—स्वार्थ त्यागकर प्रेम करें, सबको और सभी चीजों को प्रेम करें और प्रेम के प्रसार-जाल को सर्वत्र फैलाएँ। इस जाल में जो आ जाएँ, उन सबको पकड़ें और प्रेम से भर दें।

•••

कोई मनुष्य दूसरों को जितनी खुशी देता है, उसी अंश तक स्वयं भी खुश रह सकता है।

•••

सभी लोग, विश्वव्यापक कही जा सके, ऐसी प्राय: बचपन की शुरुआत के किसी एक क्षण को याद कर ही सकेंगे, जब आप सभी को और सभी चीजों को प्रेम करना चाहते थे—अपने माता-पिता, अपने भाइयों, दुष्ट लोगों, कुत्ते-बिल्ली, घास—और आप चाहते थे कि सभी लोग सद्भाव अनुभव करें, सब खुश रहें; इससे भी अधिक आप कुछ ऐसा विशिष्ट करना चाहते थे, जिससे सब खुश हो जाएँ और जरूरत पड़ने पर उसके लिए आपको कोई त्याग करना पड़े, अपना जीवन देकर, जिससे सभी खूब खुश एवं आनंदित रहें। यह भावना प्रेम की भावना है और उसका प्रतिदान देना ही चाहिए, क्योंकि यह प्रत्येक व्यक्ति का जीवन है।

•••

सच्चा प्रेम शब्दों में नहीं, बल्कि कर्मों में है और प्रेम ही आपको सच्ची समझदारी दे सकता है।

•••

भविष्य में कोई प्रेम नहीं होता। प्रेम का अस्तित्व केवल वर्तमान क्षण में ही होता है। जो व्यक्ति वर्तमान में प्रेम को नहीं जीता, वह असल में जरा भी प्रेम नहीं करता।

•••

सबसे जोखिम भरा लालच जीने के बजाय जीने के लिए तैयारियाँ करने का लालच है। भविष्य आपके अधीन नहीं है, इसलिए आप जीने की जो श्रेष्ठतम राह जानते हों, उस तरह तत्काल जी लें। जो एकमात्र संपूर्णता आवश्यक है, वह है—प्रेम में सर्वोत्कृष्टता, जो आप वर्तमान में ही कर सकते हैं। वैसा करने के लिए ही हम इस विश्व में आए हैं। जब हम अपने जीवन के एक-एक मिनट का उपयोग करेंगे, तभी हम जान सकेंगे कि हम शाश्वत हैं।

•••

एक समझदार व्यक्ति से पूछा गया कि जीवन में सर्वाधिक महत्त्वपूर्ण समय, व्यक्ति एवं बात क्या है? उसने उत्तर दिया, "सबसे महत्त्वपूर्ण समय वर्तमानकाल है, क्योंकि इस क्षण ही उसका अपने पर वर्चस्व है। सबसे महत्त्वपूर्ण व्यक्ति वह है, जिसके साथ आप इस समय व्यवहार कर रहे हैं, क्योंकि इस बात का कोई भरोसा नहीं कि इस दुनिया में आप किसी अन्य व्यक्ति के साथ ऐसा व्यवहार कर सकेंगे। सबसे महत्त्वपूर्ण बात है, इस व्यक्ति को प्रेम करें, क्योंकि प्रत्येक व्यक्ति को दूसरे लोगों से प्रेम करने के एकमात्र उद्देश्य से इस विश्व में भेजा गया है।

•••

दुनिया आपको दोष दे, तो भी आप वत्सल ही रहें। किसी व्यक्ति की लोग प्रशंसा करें, फिर भी वह खराब ही बना रहे, ऐसी विरोधी परिस्थिति की अपेक्षा वह बेहतर है।

•••

जो आपको अप्रिय हैं या जिन्होंने आपके साथ वैरभाव रखा हो, ऐसे लोगों के लिए भी आप प्रेम से परिपूर्ण रहें। आपके प्रेम की सच्ची कसौटी अपने शत्रुओं को प्रेम करने में है।

•••

प्रेम मनुष्य के भीतर ईश्वर के आविर्भावों में से एक है।

•••

मनुष्यों में सर्वोत्तम व्यक्ति वह है, जो अपने पड़ोसी के बारे में यह विचार किए बिना कि वह अच्छा है या बुरा, उससे प्रेम करता है।

•••

जब आप किसी के दुराचार का भोग बनें, उसके प्रति द्वेष अनुभव करें, उस समय याद रखें कि सभी लोग ईश्वर की संतान हैं। भले ही कोई व्यक्ति आपको अप्रिय या पसंद न हो, अपने बंधु के रूप में उससे प्रेम करते हुए आपको अटकना नहीं चाहिए, क्योंकि आप जितना ही वह भी ईश्वर का पुत्र है।

•••

खराब लोगों को अपनी अच्छाई का लाभ दें; उनके धिक्कार के खिलाफ अपनी भलाई से लड़ें। यदि आप दूसरे लोगों पर विजय न भी पाएँ, तो भी आप स्वयं पर तो विजय पा ही सकेंगे।

•••

यदि आप कठिन परिस्थिति में हों, उदास मूड में हों, यदि आप दूसरे लोगों और खुद से डरते हों, यदि आप पीड़ित हों, तो स्वयं से कहें, "इस जीवन में मैं जिनसे मिलूँगा, उन सबको प्रेम करूँगा।" इस नियम का अनुसरण करने का प्रयत्न करें; और आप देखेंगे कि सभी चीजों का रास्ता मिलेगा और सब खूब सरल लगेगा, आपको अब कोई शंका या डर नहीं रहेगा।

•••

प्रेम मृत्यु का नाश करता है और उसे खोखला बना देता है; वह अर्थहीन बातों को अर्थ प्रदान करता है; प्रेम दुःख में से सच्ची खुशी का सृजन करता है।

•••

भौतिक जगत् में अग्नि सभी चीजों को शुद्ध करती है; आध्यात्मिक जगत् में प्रेम सभी चीजों को शुद्ध करता है।

•••

प्रेम के प्रसार द्वारा ही लोगों के बीच विद्यमान सामाजिक ढाँचा सुधर सकता है।

•••

प्रेम मनुष्य जीवन को अर्थ प्रदान करता है। यह तो हम प्राचीनकाल से ही जान रहे हैं। परंतु प्रेम क्या है? अनेक युगों के दौरान अनेक समझदार मनुष्यों ने इस प्रश्न को हल करने के लिए प्रयत्न किए हैं।

•••

यदि आप लोगों को धन-संपत्ति, सत्ता और प्रतिष्ठा की ही पूजा करने का संस्कार देकर पालन-पोषण करेंगे, तो वे इन सब वस्तुओं की ही पूजा करेंगे। यदि आप लोगों को प्रेम की भावना को चाहना सिखाएँगे तो वे प्रेम में जीना शुरू करेंगे।

•••

कोई काम अच्छा है या बुरा, उसका भेद एक ही स्पष्ट लक्षण द्वारा परखा जा सकता है—यदि वह विश्व में प्रेम की मात्रा बढ़ाता है, तो अच्छा है। यदि वह लोगों को अलग करता है और उनके बीच वैर बढ़ाता है, तो खराब है।

•••

अपने अस्तित्व के साथ दूसरों के ऐक्य की अपनी समझ को हम प्रेम में साकार करते हैं और ऐसा करने से हम अपने जीवन को अधिक महान् बनाते हैं। हम जितना अधिक प्रेम करते हैं, हमारी जिंदगी उतनी ही अधिक महान्, अधिक विशाल और अधिक आनंददायी बनती है।

•••

अखंड एवं अविरत भलाई से बढ़कर हमारी अपनी जिंदगी और दूसरों के जीवन को अधिक सुंदर बना सकनेवाला दूसरा कुछ और है ही नहीं।

•••

संबंध

हम एक-दूसरे से अलग, भिन्न मानव हैं, हमारी यह समझ समय एवं अवकाश के अंदर हमारे जीवन की स्थिति से प्रकट होती है। हम यह अलगाव जितना कम अनुभव करेंगे, हम बाकी सजीवों के साथ उतना ही अधिक ऐक्य अनुभव कर सकेंगे। हमारा भार भी कम होगा और हमारी जिंदगी अधिक आनंदमयी होगी।

•••

अब शरीर कोई एक अंग नहीं है, किंतु बहुत से हैं‌‌‌…। एक अंग को दु:ख होने पर सभी अंग दु:खी होते हैं या एक अंग को मान मिलने पर सभी एक साथ आनंद का मजा लेते हैं।

•••

ईश्वर ने स्वर्ग और पृथ्वी का सृजन किया, परंतु उनके अस्तित्व का आनंद समझने की क्षमता उनके पास न थी, बाद में ईश्वर अपने अस्तित्व का आनंद समझ सकें और उसके विविध विचारशील अंगों में से एक शरीर बना सकें, ऐसे जीवों को बनाया। सभी लोग इस एक शरीर के अंग हैं; खुश रहने के लिए उनको, जिस चेतना से उनका जीवन संचालित होता है, उसके साथ सुमेल से जीना चाहिए। हमें इस महान् आत्मा के साथ एकराग होकर जीना चाहिए और हम अपने आपको जितना प्रेम करते हैं, उससे भी अधिक प्रेम उसे करना चाहिए।

•••

अपने जीवनकाल में हम एक-दूसरे की परस्पर मदद करते हैं, कभी हम दूसरों की मदद करते हैं, कभी दूसरों से हमें मदद मिलती है। इस विश्व की रचना इस तरह हुई है कि सामान्य तौर पर कुछ लोग अधिकतर दूसरों की मदद करते हैं और अधिकांशत: कुछ लोगों को यह मदद मिलती है।

•••

मदद सदैव पारस्परिक होनी चाहिए। जिन्हें अपने भाइयों की ओर से मदद तथा सहायता मिलती है, उन्हें उसे वापस भी देनी चाहिए—केवल धन से नहीं, बल्कि प्रेम, आदर और कृतज्ञता से।

∙∙∙

जब आप वस्तुओं को प्राप्त करें और उपभोग करें, उस समय आपको याद रखना चाहिए कि यह लोगों के श्रम की उपज है। जब आप इन वस्तुओं को हानि पहुँचाएँ या नाश करें, तब आप इन लोगों के जीवन के इस हिस्से को, उनकी मेहनत को हानि पहुँचाते हैं या उसका विनाश करते हैं।

∙∙∙

अपने समस्त ज्ञान को एक ऐसी सौगात समझें, जिससे आप लोगों की मदद कर सकते हैं। एक सामर्थ्यवान एवं प्रतिभाशाली व्यक्ति अपनी प्रतिभाओं का उपयोग लोगों को आधार प्रदान करने के लिए करता है।

∙∙∙

जब आप दूसरे लोगों से टकराएँ, उस समय पारस्परिकता के नियम को याद रखें। आप अपने साथ जैसे व्यवहार की अपेक्षा रखते हैं, दूसरों के साथ भी आपको वैसा ही व्यवहार करना चाहिए।

∙∙∙

आपको ऐसा व्यवहार करना चाहिए, जिससे आप सबसे यह कह सकें, "मैं जैसा बरताव करता हूँ, वैसा करो।"

∙∙∙

क्रोधावेश के प्रत्युत्तर में करुणा अभिव्यक्त करना, वह आग के सामने पानी के समान है। जब आप खूब क्रोधावेश में हों, उस समय विरोधी के लिए करुणा अनुभव करने की कोशिश करें तो आपका क्रोध अदृश्य हो जाएगा।

∙∙∙

बहुत से लोग ऐसे हैं, जो आपसे अधिक दु:खी हैं। यह संदेश कोई ऐसी छत नहीं है, जिसके नीचे आप जी सकें, परंतु ऐसा पर्याप्त छप्पर तो है ही, जिसके नीचे आप तूफानों के समय आश्रय ले सकें। आप अपने दुर्भाग्य से भागते हैं, छुपाते हैं, परंतु यदि आपको पता चले कि दूसरे लोग कितने दु:खी हैं, तो फिर आप अपने दु:खों की फरियाद नहीं करेंगे।

•••

सच्ची करुणा का आरंभ तभी होता है, जब अपने को पीड़ित के स्थान पर रखें और आप वास्तविक पीड़ा अनुभव करें।

•••

यदि हम सबके अंदर हमारे जीवन की नींव एक ही तरह की न होती, तो वाकई में हम करुणा जैसी जिन भावनाओं का अनुभव करते हैं, उनकी स्पष्टता नहीं कर पाते।

•••

अपने दुष्कृत्यों की शर्मनाक यादों को अँधेरे कोनों में न छुपाएँ। उलटा उनको अपने निकट रखें और आप अपने पड़ोसी की निंदा करें, उससे पहले उन्हें याद करें।

•••

जो व्यक्ति चरित्र-हनन करनेवाले लेखन और अनिष्टकारी भाषा पर ध्यान न दें, वे वाकई में सदाचारी हैं।

•••

आप अपनी अतिरिक्त धन-संपत्ति गरीबों को दें, उससे यह मत सोचिए कि आप उदार हैं। सच्ची उदारता इस बात में है कि आप इस व्यक्ति को अपने हृदय में जगह दें।

•••

नम्रता, भलाई एवं आत्म-बलिदान द्वारा आप किसी भी शत्रु से उसका हथियार छीन सकते हैं। यदि ईंधन के लिए पर्याप्त लकड़ी न हो, तो कोई भी अग्नि शांत हो जाएगी।

•••

हमारे पूर्वग्रहों में से एक सबसे अधिक सामान्य एवं व्यापक पूर्वग्रह यह है कि प्रत्येक व्यक्ति की कोई निश्चित, विशिष्ट लाक्षणिकता होती है, लोग या तो भले होते हैं या दुष्ट होते हैं, लोग होशियार होते हैं या बुद्धू होते हैं, लोग शांत होते हैं या क्रोधी होते हैं, परंतु लोग ऐसे नहीं होते; हम किसी भी व्यक्ति के विषय में बस इतना ही कह सकते हैं कि वह दुष्ट की अपेक्षा वत्सल अधिक है, बुद्धू की अपेक्षा कई गुना होशियार है, गरम की अपेक्षा अधिक देर तक शांत रहता है। हम इस तरह जो विभाजन करते हैं, वह कम गलत नहीं है।

•••

हमारे समकालीन लोग यह भूल जाते हैं कि उन्हें सर्वप्रथम अपने भीतर के मनुष्य को आदर देना चाहिए।

•••

स्त्री अपने मुख्य जीवन-कार्य में पुरुष से भिन्न नहीं होती। ईश्वर की सेवा करना ही जीवन-ध्येय है। अंतर केवल इस सेवा की पद्धति में है, हालाँकि स्त्री का जीवन-कार्य पुरुष के जीवन-कार्य के समान ही है और ईश्वर की सेवा एक समान प्रेमरूपी साधन द्वारा ही होती है, फिर भी अधिकांश स्त्रियों के लिए सेवा की पद्धति पुरुषों की तुलना में अधिक सुनिश्चित है। वह है, समग्र जीवन काल में ईश्वर की सेवा के लिए नए कार्यकर्ताओं को जन्म देना और उनका पालन-पोषण करना।

•••

जैसे स्त्री में वात्सल्य असीमित होता है, वैसे ही उसका क्रोधावेश भी असीम होता है। एक अच्छी पत्नी अपने पति के लिए श्रेष्ठ उपहार है और एक खराब पत्नी पुरुष के लिए एक भयंकर नासूर है।

•••

सामान्यतया पति अपनी पत्नियों का चयन नहीं करते, बल्कि पत्नियाँ अपने पति का चयन करती हैं। अपने बच्चों के लिए बेहतर पिता खोजने में, स्त्री को अच्छे और बुरे का भेद समझ में आना चाहिए। सर्वप्रथम इसके लिए स्त्री को उत्तम शिक्षा मिलनी चाहिए।

•••

एक स्त्री के लिए आत्मबलिदान से विशेष स्वाभाविक और कुछ नहीं है। स्वार्थपरता से अधिक अप्रिय उसके लिए दूसरा कुछ हो ही नहीं सकता।

•••

स्त्री जितनी सुंदर हो, उसे उतनी ही ईमानदार बनना चाहिए, क्योंकि उसकी सुंदरता से जो अनिष्ट और हानि पैदा होगी, उनके साथ वह ईमानदारी से ही लड़ सकती है।

•••

जैसे व्यक्ति को जीने के लिए आहार जरूरी है, उसी तरह मानवता को जिंदा रखने के लिए विवाह जरूरी है, जैसे व्यक्ति के लिए ज्यादा खाना अनिष्टकारी है, उसी तरह विवाह और कामुकता का अतिरेक व्यक्ति तथा मानव समाज दोनों के लिए अनिष्टकारी है।

•••

जब दो आत्माएँ अपने कार्य के लिए एक-दूसरे को समर्थन देने, उनकी सफलताओं और दुर्भाग्य में साथ रहने, अंतिम विदा के मौन पलों तक साथ देने हेतु जुड़ती हैं, वह वाकई में अत्यंत महान् बात है।

•••

मानव जाति की निरंतरता हेतु एक पुरुष और एक स्त्री का एक होना यह व्यक्ति तथा समग्र मानवजाति के लिए एक महत्त्वपूर्ण कर्म है। आपका जैसा मन करे, आपको जैसा अच्छा लगे, वैसा नहीं कर सकते। हमारे उन समझदार पूर्वजों एवं पवित्र लोगों ने विचार करके जो तय किया है, तद्नुसार ही आपको करना होगा।

•••

विवाह यह विपरीत लिंगी दो व्यक्तियों के बीच का, एक-दूसरे के साथ ही संतानोत्पत्ति करने के लिए एक करार है। इस करार को भंग करना—यह झूठ है, धोखाधड़ी (छल) है और अपराध है।

•••

बचपन के ऊपर एक स्वर्गीय आशीर्वाद है, क्योंकि वह जीवन की क्रूरता में मानो नंदनवन का टुकड़ा लेकर आता है। प्रतिदिन के ये हजारों जन्म मानो निर्दोषिता एवं पवित्रता की ऐसी ताजगीपूर्ण वृद्धि हैं, जो मनुष्य जाति के अंत के विरुद्ध, हमारी विकृत होती जा रही प्रकृति और हमारे दुष्कृत्यों में पूरी तरह डूबे रहने के खिलाफ लड़ती है।

•••

बचपन से बढ़कर अधिक सुंदर समय क्या हो सकता है और 'निर्मल आनंदिता' तथा प्रेम की जरूरत से अधिक अच्छे सद्गुण कौन-से हो सकते हैं? वे जीवन के सबसे पवित्रतम स्वरूप हैं। आपको प्रत्येक व्यक्ति का आदर करना चाहिए, परंतु बालकों को सविशेष आदर देना चाहिए और उनकी आत्मा की निर्दोष पवित्रता का नाश नहीं करना चाहिए।

•••

नवजात शिशुओं के अभाव में यह दुनिया कैसी भयंकर जगह बन जाएगी! शिशु अपने साथ निर्दोषिता एवं मनुष्य को अधिक आदर्श बनने की आशा लेकर आते हैं।

•••

बालकों को वत्सलता, जीवन में सादगी और काम सिखाना अत्यंत महत्त्वपूर्ण है। बालकों के नैतिक एवं आध्यात्मिक शिक्षण को आपके अच्छे उदाहरणों द्वारा समर्थन मिलना चाहिए अथवा कम-से-कम वैसा करने का प्रयास करना चाहिए, आपके सुंदर जीवन की सफलता आपके बालक को प्रशिक्षण देगी।

•••

बचपन ऐसा समय है, जब गहराई में दृढ़ मान्यताओं की स्थापना होती है, इसलिए शिक्षा का सर्वाधिक महत्त्वपूर्ण भाग ऐसी चीजों का चयन है, जिनके विषय में किसी बालक को विश्वासपूर्वक मानने के लिए प्रेरित करना चाहिए।

•••

एक सच्चे उदाहरण का जितना प्रभाव पड़ता है, उसके हजारवें भाग जितना भी असर बातों, तर्कों या दलीलों का नहीं होता। किस तरह व्यवहार करना चाहिए—इसे सिखाने के सभी पाठ निरर्थक हो जाते हैं, जब बालक वास्तविक जिंदगी में उसके विपरीत होते हुए देखते हैं। मौज-मजापूर्ण आदर्श जिंदगी की उत्कट इच्छा, यह बालक का सबसे बड़ा दुर्भाग्य है। बालक बचपन से ही काम करना सीखें, वह अत्यंत महत्त्वपूर्ण है।

•••

लोग ऐसा मानते हैं कि बालकों के साथ झूठ बोलना कोई अपराध नहीं है और बालकों के सामने झूठ बोलना वाकई में बहुत गलत तो नहीं ही है, बल्कि कई बार जरूरी भी होता है, परंतु इतना तो स्पष्ट है कि बालकों के साथ आप उनसे जो कहते हैं, उसके लिए आपको विशेष सावधान तथा ईमानदार रहना चाहिए।

•••

जब लोग केवल अच्छाई की बातें करें, परंतु वास्तविकता में दुष्कृत्य का ही आचरण करें, तो उससे बालकों को क्या लाभ होगा?

•••

यदि आप किसी बात में संपूर्ण विश्वास न रखते हों अथवा आपको कोई शंका हो, तो आप बालकों को जो सिखा रहे हैं, उनसे ऐसा कभी न कहें कि यह अंतिम सत्य है। ऐसा करना वाकई में बड़ा अपराध है।

•••

आपको हमेशा सत्यनिष्ठ रहना चाहिए—विशेष रूप से बालकों के साथ। उन्हें जो वचन दिया हो, उसके अनुसार ही हमेशा करना चाहिए, नहीं तो आप उन्हें झूठा आचरण करना सिखाएँगे।

•••

पारिवारिक संबंध तभी अच्छे, दृढ़ और सबके लिए श्रेयस्कर होते हैं, जब वे परिवार के बाहर फैलें और आध्यात्मिक हों तथा सभी परिवारजन एक ही ईश्वर तथा उसके कानूनों को मानते हों, अन्यथा परिवार आनंद का नहीं, बल्कि दुःख का स्रोत होता है।

•••

दुष्कृत्यों के लिए सबसे सामान्य स्पष्टीकरण कुटुंब के नाम पर किए जाते हैं। लोग चोरी करते हैं, घूस-रिश्वत लेते-देते हैं, जीवन में अन्य अनेक अधम कार्य करते हैं और इन सबके मूल में उनका कुटुंब-प्रेम होता है।

•••

ईशु को संदेश पहुँचाया गया कि "आपकी माँ और आपके भाई बाहर खड़े हैं और आपसे मिलना चाहते हैं।" किंतु उन्होंने उत्तर दिया, "जो ईश्वर की वाणी सुने और उसके अनुसार चले, वही मेरी माँ और वही मेरा भाई है।"

•••

"जो मेरी अपेक्षा माँ-बाप को अधिक चाहते हैं, वे मेरे लायक नहीं हैं; और जो पुत्र-पुत्री को मुझसे अधिक चाहते हैं, वे मेरे योग्य नहीं हैं।"

•••

कुटुंब-प्रेम अपने उच्च नैतिक अर्थ में अच्छा या बुरा नहीं है, जैसा स्वप्रेम के लिए भी है। दोनों स्वाभाविक हैं—परिवार के लिए आपका प्रेम तथा 'स्व' के लिए प्रेम, यदि अपनी मर्यादा लाँघ जाएँ, तो दुर्गुण बन सकते हैं, परंतु वे सद्गुण कभी नहीं बन सकते, क्योंकि वह एक स्वाभाविक भावना है।

●●●

जिसका स्वभाव शिक्षक का है, ऐसे मनुष्य को मोम का ऐसा टुकड़ा बनकर नहीं रहना चाहिए, जिस पर किसी प्रोफेसर की उभरी प्रतिमा या तसवीर छापनी हो।

●●●

कोई पवित्र व्यक्ति इस दुनिया में जी रहा है, परंतु सभी बातों में उसकी बनिस्बत उसके अपने लोगों के प्रति अभिगम की होती है। वह सभी लोगों को संवेदित कर सकता है, उनको अनुभव कर सकता है और सभी लोग अपने कान तथा आँखें उसकी ओर लगाए रखते हैं।

●●●

दूसरे लोगों की मदद करना केवल भौतिक सहायता का आकार ही नहीं लेता, परंतु आपके पड़ोसी को आध्यात्मिक आधार भी देता है। अपने पड़ोसी को दोष देना बंद करें और उसके मानवीय गौरव को आदर दें।

●●●

प्रेम, यह समय से परे ऐसी दिव्य प्रकृति का आविर्भाव है। प्रेम केवल जीवन जीने की राह नहीं है, वह दूसरों की भलाई के लिए किया गया कर्म है।

●●●

वाकई में यह याद करना बहुत पीड़ादायक है कि भूतकाल में आप कितनी चीजें कर सकते थे, परंतु नहीं किया—उदाहरण के लिए, कोई सखावत या दान-धर्म; किसी ने आपसे मदद की अपेक्षा रखी हो और आपने इनकार किया हो; या फिर कोई ऐसा कार्य, जिसे आपको पूरा करना चाहिए था, पर उसे परिपूर्ण करने का आनंद आपने रोका था।

• • •

संवाद-कला

हमारे शब्दों से होनेवाली हानि कभी दृष्टिगोचर होती है, तो कभी नहीं भी दिखती, परंतु हमारे शब्दों से जो लोग दु:खी होते हैं, उन्हें हम न देख सकें, तो इसका अर्थ यह नहीं है कि वह नुकसान नगण्य है।

• • •

बंदूक की गोली का घाव भर सकता है, किंतु जीभ से किया गया वार कभी भी नहीं मिटता।

• • •

यदि कोई मनुष्य वाणी से किसी की भावना को आहत नहीं करता है, तो वह वाकई में आदर्श मनुष्य है...जीभ भले छोटा अंग है, परंतु वह मिथ्या बड़ाई बहुत करती है। ध्यान रखिएगा, छोटी-सी दिखनेवाली चिनगारी कितनी बड़ी आग लगा सकती है।

• • •

जो आप अनुभव नहीं करते, उन शब्दों को न बोलें, भले ही आपकी आत्मा अंधकार से काली हो जाए।

• • •

जब आप लोगों को दूसरों की अधमता के विषय में बोलते सुनें, तब ऐसी बातों की चर्चा में लिये जाने वाले रस में सहभागी न बनें। जब आप लोगों के दुष्कर्मों के विषय में सुनें, तब उस बात को पूरा, अंत तक न सुनें और जितना सुना है, उसे भी भुलाने का प्रयत्न करें। जब आप दूसरे लोगों के सद्गुणों के बारे में सुनें, तो उन बातों को याद रखें और उसे दूसरों से भी कहें।

•••

झगड़ा-विवाद की बात सुनें, पर वैसा करते हुए तकरार में स्वयं ही शामिल न हो जाएँ।

•••

आप इस बात से सावधान रहें कि अपने शब्दों द्वारा लोगों की भावनाओं को एक-दूसरे के विरुद्ध भड़काकर, उनकी एकता को समाप्त न कर डालें।

•••

कई बार लोग सत्य को स्वीकार नहीं करते, क्योंकि सत्य को जिस स्वरूप में उनके सम्मुख प्रस्तुत किया जाता है, वह उन्हें अच्छा नहीं लगता।

•••

किसी चर्चा-तर्क के समय अपने शब्दों को सरल रखें और अपने हृदय को कठोर। अपने विरोधी पर टूट न पड़ें, बल्कि उसे सहमत करने की कोशिश करें।

•••

जहाँ तक संभव हो, विवाद-झगड़े टालने चाहिए; अग्नि जब बहुत बढ़ गई हो, तब उसे नियंत्रित करना कठिन होता है।

•••

कई बार ऐसे लोग, जिनका एकमात्र इरादा कुछ अनोखा, अनन्य कहने का होता है, वे अत्यंत मूर्खतापूर्ण बातें बोलते हैं।

•••

यदि आप सत्य जानते हों या आप इस तरह सोचते हों कि आप सत्य जानते हैं, तो जितनी आसानी से आप कर सकें और जिन व्यक्तियों को आप दे रहे हैं, उनके लिए जो प्रेमभाव है, वैसे ही प्रेमभाव से उसे दूसरों को देने की कोशिश करें।

•••

किसी लंबी बातचीत के बाद थोड़ा रुककर आपने जिसकी चर्चा की थी, उसे याद करने की कोशिश करें। आपको चर्चा में कुछ बातें, कई बार तो सभी बातें निरर्थक, खोखली, तुच्छ और कितनी बार खूब खराब लगें, तो आश्चर्य न करें।

•••

भले लोग कभी दलीलों में नहीं पड़ते और जिन्हें दलीलें करना पसंद होता है, वे कभी भले नहीं होते। सत्य उच्चारित करने वाले शब्द सदैव आनंदकारक नहीं होते एवं सुखदायी शब्द सदैव सत्य नहीं होते।

•••

यदि आपको होशियार व्यक्ति बनना है, तो आपको यह सीखना होगा कि प्रश्न निपुणतापूर्वक कैसे पूछना, ध्यानपूर्वक कैसे सुनना, किस तरह शांतिपूर्वक प्रतिभाव देना और जब कहने के लिए कुछ न हो, तब बात को किस तरह समाप्त करना।

•••

एक समझदार व्यक्ति दूसरे के शब्दों के लिए उसका मूल्यांकन नहीं करता, परंतु उसी समय वह व्यक्ति के शब्दों की अवगणना भी नहीं करता, भले ही वे शब्द किसी नालायक व्यक्ति द्वारा बोले गए हों!

•••

नम्रता, सदाचार एवं समझदारी

•••

"मुझे पता नहीं है।"
इन शब्दों के लिए अपनी जीभ को आदी बनाएँ।

•••

सत्कर्मों की समझ ही सदाचार का पारिश्रमिक है।

•••

जिसके साथ आप कुछ भी अच्छा न कर सकें,
ऐसे किसी व्यक्ति का अस्तित्व ही नहीं है।

•••

जीवन का उद्देश्य जानना और उसे किस प्रकार सिद्ध करना है—
उसे जानना ही समझदारी है।

•••

•••

नम्रता एवं भलाई से अधिक आकर्षक दूसरा कुछ भी नहीं है,
परंतु आपको ऐसी भलाई की कामना नहीं करनी चाहिए,
जो अपना विज्ञापन करती रहे।

•••

स्व-मूल्यांकन करने में कठोर एवं दूसरों का मूल्यांकन करने में मृदु रहें तो
आपके कभी भी शत्रु नहीं होंगे।

•••

यदि आप स्वयं का अध्ययन करना चाहते हों तो अन्य लोगों के हृदय में
झाँककर देखें। आप अन्य लोगों का अध्ययन करना चाहते हों,
तो अपने हृदय में झाँककर देखें।

•••

सयाने लोग सदैव समझदारी पाने की कोशिश करते हैं।
पागल मनुष्य सोचते हैं कि उनको समझदारी प्राप्त हो चुकी है।

•••

जो व्यक्ति अन्य लोगों और संयोगों के कारण जितना ज्यादा व्यग्र है और
स्वयं से जितना अधिक संतुष्ट है, वह समझदारी से उतनी ही दूर है।

•••

हम कभी-कभी अपनी पीड़ा और अपने दुष्कृत्यों के बीच के संबंध को नहीं
देख पाते, परंतु इस संबंध का अस्तित्व है अवश्य।

•••

अपनी संभावनाओं को खोजने का प्रयत्न करें।
यदि आप उसे जान सकें तो डर से प्रेरित होकर उसे कम न मानें।
आप उसकी अतिशयोक्ति न करें, उसके लिए भी सावधान रहें।

नम्रता

नम्रता के बिना संपूर्णता असंभव है। "यदि मैं अभी ही सर्वांग संपूर्ण हूँ, तो फिर मुझे संपूर्णता या आदर्श के लिए प्रयत्न क्यों करने चाहिए?"

•••

जब तीर अपने निशाने पर नहीं लगता, तब तीरंदाज अपना ही दोष देखता है, दूसरे का नहीं। समझदार मनुष्य भी इसी तरह व्यवहार करते हैं।

•••

आपके कुछ मित्र आपकी प्रशंसा करते हैं, जबकि दूसरे कुछ आपको दोष देते हैं और आपकी निंदा करते हैं। जो आपको दोष देते हैं, उनके निकट रहें और जो आपकी प्रशंसा करते हैं, उनसे दूर।

•••

दूसरे लोगों में आप जितने अधिक ऊँचे पद पर विराजमान हैं, उतना ही अधिक विनम्र रहना चाहिए। बहुत से लोग शिखरों एवं भव्यता में जी रहे होते हैं, परंतु इस विश्व के रहस्य उन्हीं के समक्ष उघड़ते हैं, जो विनम्र होते हैं।

•••

आपने जितनी खराब बातें की हैं, उनको याद करके उन खराब बातों को पुनः करने से बचें। यदि आप अपने सत्कर्मों याद करते रहेंगे, तो वे भविष्य में आप द्वारा किए जानेवाले सत्कर्मों में बाधक होंगे।

•••

अपने आपकी तुलना दूसरों के साथ करके अपने विषय में निर्णय देने से बचने का प्रयास करें। स्वयं की तुलना सर्वदा संपूर्णता या आदर्श के साथ ही करें।

•••

एक समझदार मनुष्य से ऐसा कहा गया कि उसे खराब आदमी गिना जाता है। उसने कहा, "यह अच्छा है कि वे मेरे बारे में सबकुछ नहीं जानते हैं, अन्यथा वे मेरे बारे में इससे भी अधिक बुरा बोलते।"

•••

रूस के सर्वाधिक धार्मिकों में से कितने ही लोगों की एक रोचक आदत है— जिन व्यक्तियों का परिचय उनसे पहली बार करवाया जाता है, वे उनको खूब झुककर नमन करते हैं। वे कहते हैं कि ऐसा वे इसलिए करते हैं कि प्रत्येक व्यक्ति में जो दिव्य तत्त्व है, उसे वे स्वीकार करते हैं। यह बहुत प्रचलित परंपरा नहीं है, पर इसकी नींव बहुत गहरी है।

•••

नदियाँ और सागर, जिन घाटियों के बीच से बह रहे हैं, उनके वे मालिक हैं। इसका कारण यह है कि वे घाटियों की अपेक्षा नीचे हैं। इसी तरह, जो व्यक्ति लोगों से ऊँचा होना चाहता हो, उसे विनम्र रहना चाहिए। यदि वह लोगों को मार्गदर्शन देना चाहता हो, तो उसे उनके नीचे रहना चाहिए।

•••

अपने आपको हवा में उड़ाकर अधर में रखने का प्रयत्न करना मूर्खता है, उसी तरह आपको अपनी अधिक प्रशंसा भी नहीं करनी चाहिए। जब आप अपनी प्रशंसा करते हैं, उस समय सामनेवाले व्यक्तियों पर विरुद्ध प्रभाव उत्पन्न करते हैं और उनकी नजर से उतर जाते हैं।

•••

जो मनुष्य अपनी प्रशंसा करता है, उसे अपने आसपास अपने आपके सिवा कुछ भी दिखाई नहीं देता। केवल अपने आपको ही देख सकना और दूसरे किसी को नहीं, इससे तो अंध मनुष्य होना बेहतर है।

•••

जो व्यक्ति सदैव यह सुनता रहेगा कि दूसरे लोग उसके बारे में क्या कह रहे हैं, उसे कभी भी आंतरिक शांति नहीं मिलेगी।

•••

एक चापलूस इसलिए चापलूसी करता है, क्योंकि वह अपने तथा दूसरों के बारे में अत्यंत निम्न अभिप्राय रखता है।

•••

यदि आप अपनी ख्याति कायम रखना चाहते हों, तो अपनी प्रशंसा न करें और दूसरे लोगों को भी अपनी बहुत ज्यादा प्रशंसा न करने दें।

•••

यदि आप चाहते हैं कि दूसरे लोग आपके विषय से अच्छा बोलें तो आप स्वयं अपने बारे में अच्छा न बोलें।

•••

शांति एवं नम्रता ऐसे सुख प्रदान करते हैं, जो स्वार्थी तथा घमंडी को प्राप्त नहीं होते।

•••

यदि आप नम्रतापूर्वक इसे स्वीकार कर सकते हों, तो अपमानित होने से कभी भी न डरें—आपको अनेक गुना आध्यात्मिक आशीर्वाद मिलेंगे, जो नम्र बनने के साथ जुड़े हुए हैं।

•••

प्रतिष्ठा और दूसरे लोग हमारी कद्र करें, इसमें रुचि रखने में समझदारी नहीं है, क्योंकि अच्छा क्या है, इस बारे में किन्हीं दो लोगों के अभिप्राय समान नहीं होते। लोगों के अभिप्रायों के अनुसरण से ज्यादा खराब दूसरा तरीका आप पसंद कर सकनेवाले नहीं हैं।

•••

किसी व्यक्ति में जो प्रकृतिदत भलाई या अच्छाई उपस्थित है, उसकी मदद के सिवा मैं किसी भी व्यक्ति में कोई भी सुधार नहीं ला सकता।

•••

'दूसरे लोग जिस तरह बरताव करें, वैसा ही आपको करना चाहिए', नियमों में यह सबसे खतरनाक है; इससे ऐसा ही होता है कि आप लगभग हमेशा खराब ढंग से बरताव करें।

•••

जो व्यक्ति मिथ्याभिमान से भरपूर है, वह अपने आप में इतना लिप्त है कि उसके अंदर दूसरा कोई या दूसरे कुछ के लिए अवकाश नहीं है। मिथ्याभिमान की कोई हद नहीं होती।

•••

अपना जीवन इस तरह से जिएँ कि आपको न तो कुछ छिपाने की, न दूसरे लोगों के सामने आपके जीवन को प्रदर्शित करने की जरूरत रहे। यदि लोग आपसे पूछें तो उसमें से कुछ भी न छिपाएँ, परंतु आपसे पूछा न गया हो तो खराब बातों की डींगें न हाँकें।

•••

अपने दुष्कर्मों को छिपाना तो अच्छा नहीं है, परंतु उसका सार्वजनिक रूप से ढिंढोरा पीटना या उसके लिए गर्व लेना, उससे भी खराब है। दूसरे लोगों के सामने शरम अनुभव करना तो अच्छी बात है ही, परंतु जब आप अपने साथ अकेले हों, तब शरम अनुभव करना उससे भी अच्छी बात है।

•••

आपको इस तरह सोचना चाहिए कि प्रत्येक व्यक्ति आपकी आत्मा में झाँककर, उसे देख सके, जो उसमें जो चल रहा है।

•••

व्यक्ति का अपने लिए अभिप्राय जितना ऊँचा होता है, उसकी स्थिति उतनी ही अधिक डाँवाँडोल होती है। अपने अहोभाव में वह जितने नीचे उतरता है, उतनी ही अधिक दृढ़तापूर्वक वह खड़ा रह सकता है।

•••

जो लोग ईश्वर की इच्छा के अनुसार जीते हैं, वे दूसरे लोगों के अभिप्रायों या फैसलों के प्रति संवेदनशील नहीं होते।

•••

व्यक्ति अपने आंतरिक 'स्व' का जितना विश्लेषण करता है, वह स्वयं को उतना ही अधिक से अधिक तुच्छ लगता है। समझदारी का यह प्रथम बोध है। यदि हम नम्र बनें, तो हम समझदार बन सकेंगे। यदि हम अपनी कमजोरियों को जानेंगे, तो वे हमें शक्ति देंगी।

•••

पानी कभी भी पहाड़ों के शिखर पर नहीं टिकता, वह सदैव घाटी की ओर बहता है। इसी तरह ही, जो लोग दूसरों की तुलना में ऊँचा रहना चाहते हैं, उनके पास सद्गुण नहीं रहते—जो नम्र हैं, वे ही सद्गुणी बन सकते हैं।

•••

इस विश्व में पानी से नरम एवं कोमल दूसरा कुछ भी नहीं है, फिर भी कठोर एवं सख्त वस्तुएँ उसे रोक नहीं सकती हैं। नरमी शक्ति को हराती है, कोमलता कठोरता को पराजित करती है। यह नियम सभी जानते हैं, परंतु कोई इस पर अमल नहीं करता। इस दुनिया में सबसे अधिक कमजोर सबसे शक्तिशाली पर विजय प्राप्त करता है, इसीलिए नम्रता तथा मौन में बड़ा लाभ है। इस विश्व में बहुत ही कम लोग वाकई में नम्र हैं।

•••

व्यक्ति जितना ही अधिक नम्र है, उतना ही अधिक वह मुक्त एवं शक्तिशाली है।

•••

जो मनुष्य अपने आपको अपनी जिंदगी का मालिक समझता है, वह कभी भी विनम्र नहीं बन सकता, क्योंकि वह इस तरह सोचता है कि उसका किसी के प्रति कोई कर्तव्य नहीं है। जो मनुष्य ईश्वर की सेवा को अपने जीवन का उद्देश्य मानता है, वह हमेशा विनम्र होता है, क्योंकि वह अनुभव करता है कि उसने अपने कर्तव्यों को कभी परिपूर्ण किया ही नहीं है।

•••

जो व्यक्ति अपने पाँव के पंजों पर खड़ा रहता है, वह बहुत देर तक खड़ा नहीं रह सकता; और जो व्यक्ति अपने प्रति अत्यधिक अभिमानी है, वह अच्छा उदाहरण पेश नहीं कर सकता।

•••

अहंकार स्वयं का बचाव करता है और केवल अपने ही नहीं, दूसरों के पापों का भी और वह नम्रता का तिरस्कार करता है, इसलिए वह उपचार को अमान्य करता है, पाप को छुपाता है और उचित सिद्ध करता है। एक व्यक्ति पर पाप की समझदारी का सकारात्मक प्रभाव पड़ सकता है, एक अच्छे कर्म से भी वह अधिक उपयोगी है, क्योंकि सत्कर्म घमंड को बढ़ा सकता है।

•••

कोई व्यक्ति अपने आपको जितना अधिक जानता है, उतना ही वह अपने को छोटा तथा कम महत्त्वपूर्ण लगता है और स्वयं को ईश्वर की ओर अधिक ऊपर उठाता है।

•••

कोई बाह्य बल आपको नम्र नहीं बना सकता, नम्र बनने का मात्र एक ही मार्ग है—अपने बारे में सोचा न करें, आप यह सोचें कि ईश्वर तथा दूसरों की सेवा आप किस तरह से कर सकते हैं?

•••

सदाचार

लोगों के साथ के संबंधों में वत्सलता अत्यंत आवश्यक है। यदि आप में किसी व्यक्ति के प्रति ऐसा सद्भाव नहीं है, तो आप उसके प्रति अपने मुख्य कर्तव्य को ही नहीं निभा रहे हैं।

•••

कोई भी व्यक्ति, भले ही चाहे जितना नीच और अत्यंत मूर्ख क्यों न हो, आपको प्रत्येक व्यक्ति को आदर देना ही चाहिए। आपको यह याद रखना चाहिए कि आपके भीतर जो आत्मा जी रही है, वही आत्मा सबके अंदर भी जीती है।

•••

मनुष्य जितना अधिक वत्सल एवं विचारवान होता है, उसे दूसरे लोगों में भी उतनी ही अधिक वत्सलता दिखाई पड़ती है।

•••

वत्सलता से हमारा जीवन समृद्ध बनता है। वत्सलता से रहस्यमय बातें स्पष्ट होती हैं। मुश्किल चीजें आसान बनती हैं, ऊबाऊ चीजें उल्लासपूर्ण बनती हैं।

•••

वत्सलता एवं सद्गुण हृदय में से आते हैं और दूसरों के अभिप्रायों या भविष्य में होनेवाले संभवित लाभ का विचार किए बिना उन्हें अमल में लाना चाहिए।

•••

अपने को एक भले व्यक्ति के रूप में प्रस्थापित करने का दिखावा करना, खुलेआम निष्ठुर होने से भी अधिक खराब है।

•••

जो प्रलोभनों का भोग बन जाते हैं, उनसे निर्दय होकर बरताव न करें। उन्हें इस तरह आश्वासन दीजिए, जैसा आश्वासन आप उसकी जगह होते तो खुद चाहते।

••●

एक भले आदमी के अंदर ही बुद्धि उजागर होती है। जो मनुष्य प्रबुद्ध है, असल में वही भला हो सकता है। दोनों एक-दूसरे की मदद करते हैं।

••●

लोगों को पता न हो कि वाकई में भलाई क्या है, फिर भी वह उनके भीतर होती ही है।

••●

धिक्कार का प्रतिभाव सदैव भलाई से दें। सबसे कठिन काम अपने आरंभ में सबसे आसान होते हैं और महान् कामों की शुरुआत हमेशा विनम्र होती है; इसलिए कठिनाइयाँ अभी आसान हैं, अभी उनका सामना करें और बड़ी समस्या अभी छोटी है, अभी उसका निवारण करें।

••●

ऐसे दो रास्ते हैं, जो सदाचार की ओर ले जाते हैं—पहला सत्यनिष्ठ एवं न्यायसंगत रहना है और दूसरा, किसी भी जीव के साथ अनिष्ट न करना।

••●

वत्सलता के अभाव में मनुष्य जाति के सर्वश्रेष्ठ सद्गुण निरर्थक एवं व्यर्थ हैं और वत्सलता हो तो सबसे खराब दुर्गुण भी आसानी से क्षमा किए जा सकते हैं।

••●

आप जिस भलाई का आचरण करते हैं, वह आपको सुख देती है, किंतु संतोष नहीं देती। आप चाहे जितना अच्छा करें, आपको और अधिक-से-अधिक अच्छा करने की इच्छा रखनी चाहिए।

••●

वत्सलता आत्मा का एक मुख्य गुण है।

•••

यदि व्यक्ति वत्सल नहीं है, तो इसलिए कि उसे किसी-न-किसी झूठ, मनोविकार या लालचों का सामना करना पड़ा है, जिससे उसकी प्राकृतिक अवस्था भंग हुई है।

•••

जीवन एक अविरत गति है और इसीलिए जीवन में अच्छाई कोई निश्चित स्थिति नहीं है, अपितु गति की दिशा है। यह दिशा स्वयं की नहीं, ईश्वर की सेवा करनी है।

•••

बिना यह चुने कि वह किसके लिए है, आपको अच्छा करना चाहिए। अच्छी चीजें एक बार करने के बाद, यदि आप उनके बारे में भूल जाएँ, तो भी वे कभी अदृश्य नहीं होतीं। खुश रहने का केवल एक ही रास्ता है—अच्छा करना और अच्छाई को दूसरों के साथ बाँटना।

•••

खुशी ऐसी बात है, जिसे कोई व्यक्ति केवल अपने लिए चाहता है, अच्छाई ऐसी बात है, जिसे व्यक्ति अपने और दूसरों के लिए भी चाहता है। खुशी संघर्ष द्वारा प्राप्त होती है, इसके विपरीत, अच्छाई नम्र बनने से मिलती है।

•••

बदले में कुछ पाने की अपेक्षा से कर्तव्यों का पालन करना कोई सद्गुण नहीं, बल्कि कपटपूर्ण छल जैसा कुछ है।

•••

जो व्यक्ति संयोगों को बदलने का प्रयत्न करते हैं, वे उसके गुलाम बन जाते हैं, जो लोग उसका उपयोग करते हैं, वे उनके स्वामी बन जाते हैं।

•••

सभी जानते हैं कि हमारी आदतें उनके अभ्यास द्वारा सुधरती हैं और दृढ़ होती हैं। अच्छा पादचारी होने के लिए आपको बहुत अधिक चलते रहना है। सबल धावक बनने के लिए आपको बारंबार दौड़ना पड़ता है, खूब ग्रहण शक्तिवाला वाचक बनने के लिए और जितना कर सकें, उतना वाचन करना होता है। यही आपकी आत्मा के लिए भी सत्य है—यदि आप गुस्सा होते हैं, तो आपको यह जानना चाहिए कि आप केवल अनिष्ट आचरण ही नहीं कर रहे हैं, आप अनिष्ट की आदत बना रहे हैं और आप अनिष्ट के लिए अपनी संभावनाएँ बढ़ा रहे हैं।

•••

सबसे कोमल पौधा भी सबसे अधिक कठोर शिलाओं में से अपना रास्ता निकाल सकता है। भलाई का भी ऐसा ही है। वाकई में वत्सल एवं सहृदय व्यक्ति को कुछ भी रोक नहीं सकता।

•••

हमारे जीवन में सुमेल-शांति का सृजन बुराई को दोष देने से नहीं, अपितु सच्चाई की महिमा करने से होता है।

•••

यदि किसी अच्छे कर्म के पीछे कोई गुप्त उद्देश्य हो, तो वाकई में वह अच्छा कर्म नहीं है। यदि वह पारिश्रमिक की अपेक्षा रखता है, तो वह अच्छा नहीं है। अच्छी बातें तर्क और परिणाम से परे होती हैं।

•••

आपको जो उचित लगता है, वह करें और पारिश्रमिक की अपेक्षा न रखें। याद रहे, एक मूर्ख व्यक्ति कुशल कर्मों का खराब निर्णायक होता है।

•••

जब आप कोई सत्कर्म करें, तब आपको यह अवसर मिला, उसके लिए कृतज्ञता अनुभव करें।

•••

यदि आप कोई अच्छा काम करना चाहते हैं, तो उसे अभी करें। समय बीत जाएगा और आपको वही अवसर फिर नहीं मिलेगा।

•••

जिस तरह सूर्य के प्रकाश में पटाखे या टॉर्च की रोशनी दिखाई नहीं दे सकती, उसी तरह मात्र एक ही हृदय की वत्सलता के प्रकाश में श्रेष्ठ बुद्धिमत्ता और महान् सौंदर्य भी निस्तेज पड़ जाते हैं।

•••

इस विश्व में अनिष्ट को रोकने का श्रेष्ठ तथा सबसे आसान तरीका उसे स्नेह-सिक्त शब्दों में प्रत्युत्तर देना है, अनिष्ट कार्यों का बदला भलाई से देना है।

•••

अनिष्ट के आगमन पर सदैव ध्यान दें। आपकी आत्मा के भीतर एक आवाज आती है, जो आपको हमेशा अनिष्ट के आगमन की सूचना देती है। आप कोई अप्रिय भावना अनुभव करते हैं, आप शरम अनुभव करते हैं। इस आवाज में श्रद्धा रखें; रुक जाएँ, स्वयं को सुधारने के प्रयास करें और फिर आप अनिष्ट हो हरा सकेंगे।

•••

सभी बातें भौतिक विश्व की अपेक्षा आध्यात्मिक विश्व के साथ अधिक घनिष्ठता से जुड़ी हुई हैं। प्रत्येक झूठ दूसरे अनेकविध झूठों को जन्म देता है, प्रत्येक क्रूरता अधिक क्रूरता को लाती है। अनिष्टों का प्रत्युत्तर अनिष्ट द्वारा देने के बजाय भलाई से देना अधिक आसान, बुद्धिमत्तापूर्ण एवं सहज है।

•••

जो अनिष्ट का बदला भलाई से चुकाने में आनंद का अनुभव करते हैं, वे पुनः-पुनः इसे अनुभव करना चाहेंगे।

•••

बूँद-बूँद पानी बरतन को भर देता है, उसी तरह, जो अच्छा बनना चाहते हैं, वे अच्छाई से भरते हैं।

• • •

जब अपने पड़ोसियों के साथ हम ऐसा बरताव करते हैं, जिसके योग्य वे हैं, तब हम उन्हें और बुरा बनाते हैं। वे स्वयं जैसा बनना चाहते हैं, वैसे ही वे हैं, ऐसा मानकर हम उनके साथ बरताव करेंगे, तो हम उन्हें सुधार सकेंगे।

• • •

क्रोधावेश को विनम्रता से, अनिष्ट को अच्छाई से, लोभ को उदारता से और झूठ को सच से जीतें।

• • •

यदि आप कुछ अच्छा करके उसके लिए पारिश्रमिक चाहते हैं, तो आप अपनी अच्छाई की शक्ति को घटा रहे हैं।

• • •

एक सत्कर्म का पारिश्रमिक आपको क्या मिलना चाहिए? उसे करने से आपको जो आनंद मिले, मात्र उतना ही। दूसरी किसी भी प्रकार की अपेक्षा हमारे आनंद को कम कर देती है।

• • •

कुछ भी कर्म करना, यह कितनी अधिक आनंददायक बात है। यदि आपने किया है, उसका पता किसी को न हो, तो वह आनंद सबसे प्रबल होता है।

• • •

'परंतु जब तुम दान-धर्म करने बैठो, तब तुम्हारा दायाँ हाथ क्या कर रहा है, इसका पता तुम्हारे बाएँ हाथ को न होने दें।'

• • •

आपको दृढ़तापूर्वक यह जानना चाहिए और गहराई से यह अनुभव करना चाहिए कि आपको प्रत्येक दिन अपने देशवासियों की भलाई के लिए समर्पित करना चाहिए। उनके लिए जो भी कर सकें, उसे करना ही चाहिए। आपको जो करना है, उसके बारे में बातें नहीं करनी हैं।

•••

प्रत्येक नया दिन आपको किसी सत्कर्म या किसी अच्छे काम द्वारा मनाना चाहिए। किसी नए दिन को शुरू करने का यह श्रेष्ठ तरीका है।

•••

मैंने कुछ अच्छा किया था, मुझे उसका बदला बुरा मिला है, परंतु आपने जिसके लिए अच्छा किया, उसको आप चाहते हों, तो आपको अपना पारिश्रमिक मिल ही गया है। इसलिए आप प्रेम से जो कुछ भी करते हैं, वह अपने लिए ही करते हैं।

•••

आप जिस अनिष्ट के कारण पीड़ित हों, उसके कारणों को अपने भीतर ही खोजें। अनेक बार यह अनिष्ट आपकी ही किसी प्रवृत्ति का सीधा परिणाम भी होता है। कई बार ऐसा भी होता है कि बहुत समय पहले आपने कोई दुष्कृत्य किया हो, उसके परिणाम का स्वरूपांतर होने में लंबा समय बीत गया हो, परंतु स्रोत हमेशा आपके भीतर ही रहता है और उससे मुक्ति अंतत: आपके ही कर्मों के, आपकी जीवन-शैली के परिवर्तनों में निहित है।

•••

जब हम दुष्कृत्य करते हैं, तब स्वर्ग उसे स्वीकार नहीं करता और जब हम सदाचरण करते हैं, तो पृथ्वी उसे स्वीकार नहीं करती।

•••

सच्चा सदाचारी व्यक्ति वह है, जो कमजोरों को अपना प्रेम देता है।

•••

हम अच्छा काम करने के बदले इनाम तथा खराब काम करने के बदले सजा की अपेक्षा रखते हैं। अनेक बार वे हमें तत्काल ही नहीं मिलते। हमारे जीवन की चेतना में शुभ एवं अशुभ दोनों का अस्तित्व है, परंतु वे समय से परे होते हैं और शायद हम इनाम या पारिश्रमिक के बाह्य चिह्न न भी देख सकें, परंतु अपनी अंतरात्मा से इनाम या सजा का अनुभव कर सकते हैं।

•••

जो अच्छी चीजें आपको दी गई थीं, उनका उचित उपयोग करना आप चूक गए—यह समझ ही सबसे खराब सजा है। किसी बड़ी सजा की अपेक्षा न रखें। ऐसे पश्चात्ताप से बढ़कर कठोर सजा दूसरी कोई नहीं हो सकती।

•••

धनवानों की ओर से गरीबों को जो सहायता दी जाती है, वह अधिकांशत: केवल सभ्यता के प्रतीक रूप में होती है, असल में सच्ची सखावत नहीं होती। सखावत सच्ची तभी कही जाएगी, जब वह त्याग से उत्पन्न हो; तभी जो भौतिक उपहार प्राप्त करते हैं, वे साथ-साथ आध्यात्मिक भेंट भी प्राप्त करते हैं। यदि यह त्याग न हो, बल्कि केवल अतिरिक्त वस्तुओं का समायोजन हो, तो वह प्राप्तकर्ताओं को केवल व्यथा ही देगा।

•••

सदाचार और परोपकार का आरंभ घर से होना चाहिए। यदि आपको उसका प्रदर्शन करने किसी दूसरी जगह जाना पड़े तो वह वाकई में सद्गुण नहीं है।

•••

यदि आप अपनी आत्मा को बचाना चाहते हों, तो अपनी सुख-सुविधाओं को भूल जाएँ। दूसरे अन्य गुणों की अपेक्षा सदाचार सदैव लंबे समय तक टिकता है और उसका आरंभ एकदम शुरुआत में होता है।

•••

जीवन का यह दिव्य नियम है, 'केवल सदाचार ही अंत में अडिग खड़ा रहता है। दूसरा और कुछ भी नहीं।'

•••

प्रत्येक प्रेममय बात सदाचार है। प्यासे को पानी देना या रास्ते से पत्थर हटा देना या अपने पड़ोसियों एवं मित्रों को सदाचारी होने के लिए सहमत करना या किसी यात्री को रास्ता बताना अथवा अपने पड़ोसी के चेहरे की ओर देखकर स्मित करना, ये सब सदाचार हैं।

•••

सदाचार एक ऐसी मदद है, जिसे व्यक्ति को अपने लिए करनी चाहिए। यदि कोई स्वर्ग न हो या विश्व पर शासन करनेवाला ईश्वर न हो, तो भी सदाचार जीवन का आवश्यक सिद्धांत है ही।

•••

सच्ची भलाई आपके वश की बात है, जैसे वस्तुओं की परछाईं उनके पीछे चलती है, उसी तरह अच्छाई अच्छे व्यक्ति का अनुसरण करती है।

•••

जब आप किसी मनुष्य से मिलें, तो इस तरह न सोचें कि वह आपकी कैसे मदद कर सकता है, बल्कि इस तरह विचार करें कि आप उसकी सेवा या मदद कैसे कर सकेंगे?

•••

जल्दी से उल्लेखनीय सफलता मिले, ऐसी किसी भी अपेक्षा के बिना अच्छाई की साधना करें। अपने प्रयत्नों का परिणाम देख सकेंगे, क्योंकि आप आगे जितनी प्रगति करेंगे, उतना ही आप जिस आदर्श की ओर प्रगति कर रहे हैं, वह और अधिक ऊँचे उठेगा। अच्छाई की साधना और उसके लिए किए गए प्रयत्न, यह प्रक्रिया स्वयमेव हमारे जीवन के लिए सार्थक है।

•••

सदाचारी मनुष्य बनने का सबसे सरल, क्षिप्र और निश्चित रास्ता अपनी खुदपरस्ती पर काम करना और वाकई में सदाचारी बनना है। प्रत्येक गुणों का अध्ययन करेंगे, तो आप समझेंगे कि वे सभी मेहनत तथा अभ्यास द्वारा ही सिद्ध हुए थे।

•••

सच्ची अच्छाई कोई ऐसी वस्तु नहीं है, जो एक क्षण में प्राप्त की जा सके, परंतु निरंतर प्रयत्न द्वारा ही वह प्राप्त होती है, क्योंकि सच्ची अच्छाई तो आदर्श को सिद्ध करने के निरंतर प्रयत्नों में ही समाहित है।

•••

समझदारी

समझदारी सनातन सत्य को जीवन में उतारने की प्रक्रिया की समझ है।

•••

समझदारी आप तीन मार्गों से पा सकते हैं। पहला रास्ता ध्यान है। यह सबसे उम्दा मार्ग है। दूसरा रास्ता अनुकरण का है। यह सबसे सरल और संतोषकारक मार्ग है। तीसरा मार्ग अनुभव का है, यह मार्ग सबसे कठिन है।

•••

प्रकृति में भी सरलता है और समझदारी में भी वैसी ही सरलता है। दोनों प्रेम तथा आदर उत्पन्न करते हैं।

•••

मनुष्य की सच्ची योग्यता उसके पास जो ज्ञान है, उसमें नहीं, परंतु ज्ञान पाने के लिए उसने जो पुरुषार्थ किए हों, उनमें है।

•••

जो समझदारी के सिद्धांत को जानते हैं, वे उनसे निम्न स्तर के हैं, जो उन सिद्धांतों को चाहते हैं। जो इन सिद्धांतों को चाहते हैं, वे उनसे निम्न स्तर पर हैं, जो उनका अनुसरण करते हैं।

•••

कितना अच्छा होता, यदि समझदारी का ऐसा कोई गुणधर्म होता—जैसे दो पात्रों को जोड़ दिया गया हो, तो पानी एक पात्र से दूसरे पात्र की ओर तब तक बहता है, जब तक दोनों पात्रों में पानी का स्तर एक समान न हो जाए—वैसे ही समझदारी से भरपूर मनुष्य की ओर से वह नामसझ मनुष्य की ओर बह सकती होती! समस्या यह है कि यदि आपको समझदारी चाहिए, तो उसके लिए आपको ही स्वतंत्र रूप से गंभीर प्रयत्न करने पड़ेंगे।

•••

समझदारी के लिए शुद्धता, पवित्रता पूर्व शर्तें हैं; समझदारी का परिणाम आपकी आत्मा की शांति है।

•••

एक समझदार मनुष्य स्वयं को कभी समझदार नहीं समझता और जिस समय ईश्वर की प्रतिमा दृष्टि समक्ष हो, तब भी व्यक्ति स्वयं को कभी भी समझदार नहीं मानता।

•••

समझदारी असीम है और आप जितना ही उसके समीप जाएँ, उतनी ही वह आपके लिए महत्त्वपूर्ण बन जाती है।

•••

बुद्धिमान व्यक्ति को उसके श्रेष्ठ क्षणों में भी संशय होता है। सच्चा सत्य सदैव संकोच के साथ आता है। यदि मैं अटक न सकूँ, तो मैं मान भी न सकूँ।

•••

कोई बुद्धिमान व्यक्ति अपनी परिस्थिति को बदलना नहीं चाहता, क्योंकि वह जानता है कि प्रत्येक परिस्थिति में ईश्वर के आदेश, प्रेम के कानून को परिपूर्ण करना संभव है।

•••

बुद्धिमान व्यक्ति प्रत्येक बात में अपने भीतर देखता है, पागल मनुष्य सबकुछ लोगों के अंदर खोजता है।

•••

आपको आदर दें और आपकी प्रशंसा करें, ऐसे लोगों की संख्या में नहीं, उनकी गुणवत्ता में रुचि लें। यदि खराब व्यक्तियों को आप अच्छे न लगें, तो वह अच्छा ही है।

•••

मैं अपने भाग्य की फरियाद कभी नहीं करता। एक समय मेरे पास जूते नहीं थे, मैंने ईश्वर से फरियाद की। दु:खी मन से मैं चर्च में गया और चर्च में मैंने एक आदमी देखा, जिसके दोनों पैर न थे। इसलिए मैंने ईश्वर का आभार माना कि उसने मुझे दो पैर दिए और मेरी समस्या तो बस इतनी ही थी कि वे बिना जूते के थे!

•••

बुद्धिमान व्यक्ति अपनी तरफ से ही माँगें निश्चित करते हैं; जो बुद्धिमान न हों, वे दूसरों की ओर से माँगें तय करते हैं।

•••

समझदारी की निंदा हो रही हो, ऐसे दृश्य से आपको व्यग्र नहीं होना चाहिए। समझदारी असली समझदारी होती ही नहीं, यदि वह खराब जीवन की मूर्खता की पोल न खोलती होती और लोग वाकई में लोग न कहलाते, यदि वे ऐसी समझदारी के प्रकटीकरण को निंदा किए बिना सहन करते होते।

•••

एक बुद्धिमान व्यक्ति को सभी बातों में समर्थन मिल ही जाता है, क्योंकि वह प्रत्येक बात में से अच्छाई प्राप्त करने की प्रतिभा रखता है।

•••

अपने निजी विचारों से, अपनी बुद्धि के पुरुषार्थ से आपने जो सत्य प्राप्त किए हैं, वे आपके अपने शरीर के अंग बन जाते हैं और वे सत्य ही वास्तव में आपके अपने हैं।

•••

प्रत्येक व्यक्ति को जीवन और मृत्यु विषयक प्रश्नों को स्वयं ही तैयार करना चाहिए।

•••

वास्तव में एक सच्चा तथा अटल कायदा—ऐसा कायदा है, जो हमें सही दिशा बताता है और हमें खराब काम करने से रोकता है—वह उच्चस्तरीय श्रेष्ठतर विवेक बुद्धि है।

•••

बुद्धिमान व्यक्तियों को पर्याप्त शिक्षा नहीं दी जा सकती और शिक्षित मनुष्यों को पर्याप्त बुद्धिमान नहीं बनाया जा सकता।

•••

दूसरे समस्त ज्ञानों की तुलना में समझदारी से हमें जो अच्छाई मिलती है, वह एक रेगिस्तान में सोने के पर्वतों की तुलना में पानी भरे पात्र के समान है।

•••

नीचे लिखे गए शब्द राजा जिंक्स हेन के स्नानघर में नक्काशी किए गए थे—'प्रतिदिन स्वयं को संपूर्णरूप से तरोताजा करें और नए सिरे से, शुरुआत से आरंभ करें।'

•••

विज्ञान शायद ही समझदारी से जुड़ा होता है। एक विद्वान् व्यक्ति बहुत-सी अनावश्यक बातें जानता है। एक समझदार मनुष्य कम चीजें जानता है, परंतु वह जितनी भी जानता है, वे समग्र मानवता एवं उसके अपने लिए आवश्यक होती हैं।

•••

जो मनुष्य निम्नलिखित तीन चीजें करता है, वह अत्यंत समझदार है—प्रथम, यह कि वह जिन चीजों को दूसरों को करने की सलाह देता है, उन्हें स्वयं भी करता है; द्वितीय, वह ऐसा कुछ नहीं करता, जो सत्य के विरुद्ध हो; और तृतीय, वह अपने आसपास के लोगों की कमजोरियों के प्रति धीरज दिखलाता है।

•••

छोटी-छोटी बातें चरित्र को दृढ़ करने में लाभदायक होती हैं। छोटी चीजें महत्त्वपूर्ण नहीं हैं, ऐसा मत कहिए; उच्च रूप से गुणी व्यक्ति ही उनका महत्त्व देख सकता है।

•••

एक होशियार व्यक्ति कभी भी दुष्ट नहीं हो सकता। एक भला व्यक्ति सदा होशियार होता है। अपनी बुद्धि का उपयोग करके अपनी भलाई को सुधारें और भलाई तथा प्रेम का उपयोग करके अपनी बुद्धि को सुधारें।

•••

कोई भी व्यक्ति स्वयं को हमेशा सुधार ही सकता है।

•••

ईश्वर, श्रद्धा
और मानव-धर्म

•••

व्यक्ति की आत्मा ही ईश्वर का दीप है।

•••

जो अपने को समझता है, वह ईश्वर को भी समझता है।

•••

बहुमति लोगों के मत से
श्रद्धा नहीं प्राप्त हो सकती।

•••

कोई भी धर्म सच्चा धर्म नहीं है,
यदि प्रेम उसके साथ संवादिता में न हो।

•••

•••

अधिकांश लोग ईश्वर के प्रति अहोभाव रखते हैं, पर उसे सुनते नहीं हैं। अहोभाव न रखना, किंतु सुनना, यह बेहतर है।

•••

अपने को जानना यानी अपने भीतर की अच्छाई को ढूँढ़ निकालना।

•••

ईश्वर कोई मूर्ति नहीं है; वह एक ऐसा आदर्श है,
जिसे हमें दैनंदिन जीवन में सिद्ध करने का प्रयत्न करना चाहिए।

•••

मनुष्य सत्य के जितने निकट होते हैं,
उतने ही वे दूसरों की भूलों के प्रति अधिक सहिष्णु होते हैं।

•••

जिनकी अपनी श्रद्धा निर्बल है,
वे दूसरों के भीतर श्रद्धा नहीं जगा सकते।

•••

जीवन का अर्थ समझना और उससे जुड़े कर्तव्यों एवं
दायित्वों को स्वीकार करना ही सच्चा धर्म है।

•••

आदमी की सभी संतानें एक ही शरीर के अंग हैं। जब एक अंग दुखता है, तब बाकी के सभी अंग भी पीड़ा महसूस करते हैं ही। यदि आप दूसरों के दु:ख के प्रति उदासीन एवं असंवेदनशील हों, तो आप मानव कहलाने लायक नहीं हैं।

•••

धर्म, यह प्रेम का सर्वोच्च स्वरूप है।

ईश्वर

अपनी आत्मा द्वारा ईश्वर की खोज, एक ऐसी प्रक्रिया है, जिसकी अनेक भुजाएँ एवं पहलू हैं।

•••

ऐसा कोई आस्तिक नहीं है, जिसे ईश्वर के अस्तित्व के लिए किसी-न-किसी समय संशय न हुआ हो। किंतु शंका-संशय के ये क्षण हानिकारक नहीं हैं, बल्कि ये क्षण हमें ईश्वर को अधिक अच्छी तरह से समझने की दिशा में ले जाते हैं।

•••

जो ईश्वरीय कानूनों का पालन करता है, वही व्यक्ति ईश्वर को समझ सकता है। वह जितनी अधिक सूक्ष्मता से ईश्वरीय कानूनों का पालन करता है, उतना ही अधिक वह ईश्वर को समझ सकता है।

•••

ईश्वर के विषय में जो कुछ भी लिखा गया है और सभी लोग उसके बारे में जो भी कहते हैं, वह सबकुछ अंतत: अभी बहुत ही अपर्याप्त है। ईश्वर के विषय में कितनी बातें हैं, जो अभिव्यक्त नहीं हो सकतीं, उन्हें प्रत्येक व्यक्ति अपने भीतर समझ सकता है। ये ऐसी चीजें हैं, जो प्रत्येक के लिए आवश्यक हैं और जिनसे ईश्वर के प्रति प्रेम उत्पन्न होता है।

•••

जो लोग पूछते हैं कि ईश्वर कहाँ है, वे पागल हैं; ईश्वर सर्वव्यापी है, वह समग्र प्रकृति में और प्रत्येक मनुष्य की आत्मा में है। भले ही अनेक, भिन्न-भिन्न धर्म हों, परंतु ईश्वर एक ही है। यदि मनुष्य अपने को ही न समझ सकता हो, तो वह ईश्वर को कैसे समझेगा?

•••

जो झिझकता है, वह ईश्वर से दूर नहीं गया है; जो बिना रुके, दूसरे किसी के शब्दों में विश्वास करता है कि ईश्वर का अस्तित्व है अथवा ईश्वर का अस्तित्व नहीं है, वह वास्तव में ईश्वर से दूर है।

•••

ईश्वर में जिएँ, उसे अपने भीतर समझकर ईश्वर के साथ जिएँ और उसे शब्दों से व्याख्यायित करने की कोशिश न करें।

•••

स्व-जागृति के एक निश्चित स्तर पर व्यक्ति अपने भीतर कुछ अलौकिकता का अनुभव कर सकता है।

•••

हमारा अस्तित्व है, इसलिए ईश्वर का अस्तित्व है। आप उसे चाहें जिस नाम से पुकारें, पर जिसने हमारा सृजन किया है, ऐसे किसी उच्चतर जीवन तत्त्व का अस्तित्व है, उसमें कोई शंका नहीं है। जीवन के इस उद्गम स्थान को आप ईश्वर कह सकते हैं या दूसरा कोई नाम दे सकते हैं।

•••

ईश्वर को खोजना पानी में से जाल को बाहर खींचने जैसा है। जब आप जाल खींचते हैं, तब वह पानी से भरा हुआ और वजनदार होता है। फिर भी जब उसे पूरा बाहर खींच लेते हैं, तब उसके अंदर कुछ भी नहीं होता। जब आप अपनी बुद्धि एवं अपने कर्मों से ईश्वर को खोजते हैं, तब ईश्वर का अस्तित्व आपके भीतर होता है और जैसे ही आप तय करते हैं कि आपने ईश्वर को प्राप्त कर लिया है, संतुष्ट होकर आप वहीं ठहर जाते हैं और आप उसे खो देते हैं।

•••

यह आश्चर्य की बात है कि मैं एक सीधा-सा सत्य देख न पाया—इस विश्व और हमारे जीवन के पीछे और ऊपर कोई तो है, जो जानता है कि इस विश्व का अस्तित्व क्यों है और हमारा इस विश्व में अस्तित्व क्यों है! हमारी जिंदगियाँ उबलते पानी के बुलबुलों जैसी हैं, जो उत्पन्न होते हैं, सतह तक ऊपर उठते हैं, फट से फूट जाते हैं और अदृश्य हो जाते हैं।

•••

ईश्वर उनके लिए ही अस्तित्व रखता है, जो उसे खोज रहे हैं। खोजने लगें—आप उसको अपने भीतर तथा और खुद को उसके अंदर पाएँगे।

•••

ईश्वर अंतत: आत्मा या प्राण है और इसीलिए जो उसे पूजते हैं, उन्हें वैसा प्राण और सत्य से करना चाहिए।

•••

ईश्वर हम सबके भीतर होता है और उसे वहाँ खोजना और समझना यह हम सबके लिए संभव है।

•••

यदि आप कठिन समय में से गुजर रहे हों, तो ईश्वर को समझने के लिए अधिक मेहनत करें; जैसे ही आप उसको समझ सकेंगे कि सभी मुश्किल बातें आसान हो जाएँगी और आप प्रेम तथा आनंद का अनुभव करेंगे।

•••

यदि कोई व्यक्ति अपने भीतर दिव्य शक्ति का अनुभव नहीं करता, तो इसका अर्थ यह नहीं होता कि दिव्यशक्ति का अस्तित्व उसके भीतर नहीं है, परंतु यह है कि उसे कैसे पहचानना है, यह उसने अभी नहीं सीखा है।

•••

ईश्वर आपके निकट है; वह हमारे साथ है—दिव्य चेतना यह हमारे भीतर है। यदि वह भीतर न होती तो अच्छा बनने की शक्ति हमारी पहुँच के बाहर होती। ईश्वर के बिना कोई व्यक्ति अच्छा बन नहीं सकता।

•••

लोग ऐसा कहते हैं कि ईश्वर ने अपनी कल्पनानुसार मानव जाति का सृजन किया। इसका मतलब यह हुआ कि मनुष्य ने अपनी कल्पना के अनुसार, ईश्वर का सृजन किया।

•••

आप ईश्वर को विविध नामों से पुकार सकते हैं, आप उसका नाम लेने से एकदम दूर रह सकते हैं, परंतु आप उसका अस्तित्व स्वीकार करने से दूर नहीं रह सकते। यदि ईश्वर का अस्तित्व नहीं है, तो यहाँ किसी का भी अस्तित्व नहीं है।

•••

ईश्वर को मानव-बुद्धि द्वारा नहीं समझा जा सकता, उसे केवल मानव हृदय से अनुभव किया जा सकता है। हमें इतना ही पता है कि उसका अस्तित्व है और हम चाहें या न चाहें, इतना हम निश्चित जानते हैं।

•••

जो अपने विचारों को दिव्यता तक ऊँचा उठा सकते हैं, उनके दिन सदैव निरभ्र और साफ होंगे, क्योंकि सूर्य बादलों के ऊपर सदैव प्रकाशित रहता है।

•••

आपको चाहे जो भी हो, यदि आप ईश्वर के साथ के अपने ऐक्य को समझेंगे, तो कभी दु:खी नहीं होंगे।

•••

ईश्वर की समझ की नींव हमारे भीतर है।

•••

लोग आपसे पूछें, "आप ईश्वर को किसलिए जानते हैं?" तो आपको प्रतिउत्तर देना चाहिए कि, "क्योंकि वह मेरे हृदय में है।" जीवन के सत्य को अपने मस्तक की आँखों द्वारा नहीं, अपने हृदय के चक्षुओं से निहारें। यदि आप ईश्वर को न जानते हों, तो स्वयं को जान सकेंगे क्या? अपने विषय में सच्ची समझ ही ईश्वर की समझ है। प्रश्न यह है कि मात्र बुद्धि द्वारा, हृदय के बिना ईश्वर को समझ सकते हैं? सत्य यह है कि यदि हमारा हृदय ईश्वर को समझे, तो फिर बुद्धिमत्ता उसे खोजना शुरू कर देती है।

•••

ईश्वर का अस्तित्व है। हमें यह साबित करना जरूरी नहीं है; ईश्वर का इनकार पागलपन है। ईश्वर मेरी अंतरात्मा में रहता है, समग्र मानवता की अंतरात्मा में रहता है, हमारे समग्र विश्व में रहता है और हम अपने सबसे महत्त्वपूर्ण उदासी या खुशी के क्षणों में ईश्वर के साथ बातें करते हैं।

•••

इस विश्व में जीवन किसी की इच्छा से चलता है—कोई इस विश्व में समस्त जीवन पर कोई विशेष काम करता है और हम सबकी जिंदगी को स्पर्श करता है। जो ये सभी काम करता है, उसे हम 'ईश्वर' कहते हैं।

•••

ईश्वर का इनकार करने का मतलब है—एक आध्यात्मिक एवं बौद्धिक जीव के रूप में स्वयं का इंकार।

•••

मनुष्य ईश्वर में जितनी अधिक श्रद्धा रखता है, अन्य लोगों का भय उसे उतना ही कम लगता है।

•••

जो किसी चीज से नहीं डरता और जो सच्चे कारण या ध्येय के लिए अपना जीवन समर्पित कर सकता है, वह ऐसे व्यक्ति की अपेक्षा बहुत अधिक शक्तिशाली है, जिससे लोग डरते हैं और जो औरों को अपने प्रभुत्व में रखता है।

•••

ईश्वरीय इच्छा के साथ जो मनुष्य जितनी निकटता से एकरूप होता है, उस मनुष्य के कर्म उतने ही अधिक दृढ़ बनते हैं।

•••

प्रत्येक व्यक्ति ईश्वर को अलग-अलग ढंग से समझता है, परंतु लोग उसकी इच्छा को समान रूप से परिपूर्ण करते हैं।

•••

ईश्वर के प्रति प्रेम ही सच्चा प्रेम है—वह सचमुच प्रेम के लिए प्रेम है। इस प्रकार का प्रेम अत्यंत उत्तम पुरस्कार है। वह किसी भी जीव के साथ बिना प्रेम के बरताव करने की थोड़ी-बहुत संभावना की भी अनुमति नहीं देता। यदि आप एक व्यक्ति को भी चाहते न हों, तो आप ईश्वर का प्रेम और आशीर्वाद खो बैठते हैं।

•••

बहुत से लोग कहते हैं कि आपको ईश्वर से डरना चाहिए। यह सच नहीं है। आपको ईश्वर को प्रेम करना चाहिए। आप जिससे डरते हों, उसे आप प्रेम कैसे कर सकेंगे? ईश्वर प्रेम है और आप प्रेम से कैसे डर सकते हैं? नहीं, आपको ईश्वर से डरना नहीं चाहिए, उसको प्रेम करना चाहिए; और यदि आप ईश्वर को प्रेम करेंगे, तो आपको उसका डर नहीं लगेगा या विश्व में किसी चीज का भी डर नहीं लगेगा।

•••

अच्छाई के लिए प्रेम एवं शाश्वतता में श्रद्धा—दोनों अभिन्न हैं।

•••

जब पाशविक वृत्तियाँ अदृश्य हो जाती हैं, भविष्य पर से परदा हट जाता है, अँधेरा बिखर जाता है। ऐसे समय में हम अपनी शाश्वतता का अनुभव कर सकते हैं।

●●●

ईश्वर सभी लोगों में जीता है, किंतु सभी लोग ईश्वर में नहीं जीते और यही उनके दु:खों की जड़ है। कोई दीपक बिना अग्नि के नहीं जल सकता और कोई व्यक्ति बिना ईश्वर के जी नहीं सकता।

●●●

इस विश्व में हम कैसे जीते हैं, मानो कोई होशियार व्यक्ति कमरे में बोल रहा हो, उस समय कोई बालक वहाँ प्रवेश करे। बालक ने वक्तव्य का आरंभ नहीं सुना है और वह अंत से पहले चला जाता है और कुछ बातें ऐसी हैं, जिन्हें वह सुनता तो है पर समझ नहीं पाता। इसी प्रकार ईश्वर का महान् वक्तव्य, हमने सीखना शुरू किया, उससे अनेक सदियों पहले से शुरू हो चुका था और हम धूल में मिल जाएँगे, उसके बाद भी अनेक सदियों तक जारी रहेगा। हम उसका मात्र एक छोटा-सा अंश ही सुनते हैं और हम जो सुनते हैं, उसका बहुत बड़ा भाग समझ नहीं पाते, फिर भी हम थोड़ा धुँधला-धुँधला कुछ भव्य, कुछ महत्त्वपूर्ण समझते हैं।

●●●

जिस किसी व्यक्ति को अपने भीतर यह विश्वास नहीं है कि वह इस दुनिया में सर्वश्रेष्ठ कार्य करने में समर्थ है, तो वह सबसे खराब चीजों का सृजन करना शुरू कर देगा।

●●●

ईश्वर को प्रेम करने का अर्थ यह है कि प्रत्येक वस्तु में जिस सर्वोच्च संभवित अच्छाई की हम कल्पना कर सकते हैं, उसे प्रेम करना।

●●●

ईश्वर के लिए सच्चा प्रेम, यह उसकी उच्च, श्रेष्ठतर अवस्था की स्पष्ट समझ में से उद्भूत नैतिक भावना है; ईश्वर के लिए प्रेम यह सदाचार, सत्य और भलाई के प्रति प्रेम के साथ सुसंगत है।

•••

जो ऐसा कहते हैं कि ईश्वर को प्रेम करें, किंतु पड़ोसियों से घृणा करें, तो वे लोगों से झूठ बोल रहे हैं, जो अपने पड़ोसियों को प्रेम करते हैं, किंतु ईश्वर को प्रेम नहीं करते, वे अपने आपसे झूठ बोल रहे हैं।

•••

आप ईश्वर को प्रेम किए बिना किसी व्यक्ति को प्रेम करते हों, जबकि ईश्वर असल में तो उसके भीतर की अच्छाई ही है, तो आप वैसे प्रेम द्वारा भविष्य के लिए निराशा और दु:ख के लिए बीज बो रहे हैं।

•••

किसी भी संघर्ष में सच्ची बहादुरी उनके भीतर होती है, जो यह जानते होते हैं कि ईश्वर उनका संगी है।

•••

यदि आप ईश्वर के साथ एकरूप हुए हैं, तो आपको कौन हानि पहुँचा सकता है? आपसे अधिक शक्तिशाली कौन बन सकता है? और आप ऐसा कर सकते हैं।

•••

धार्मिक सेवाओं या प्रक्रियाओं में कर्मकांड पुजारी या पादरी ही कर सकता है, ऐसी अप्राकृतिक चीजें नहीं समझनी हैं; धर्म में हमें ईश्वर के लिए प्रेम और पड़ोसी के लिए प्रेम को समझना है।

•••

ईश्वर का साम्राज्य हमारे भीतर है; इसलिए ईश्वर के साम्राज्य को अपने भीतर खोजिए और दूसरा सबकुछ संभवत: श्रेष्ठ रीति से अपने आप ठीक हो जाएगा।

•••

यदि कोई व्यक्ति अपनी आत्मा में ईश्वर को समझता है, तो दुनिया के सभी लोगों के साथ अपने योग को भी समझता है।

•••

सभी लोग, न्यूनाधिक अंश में, दो परस्पर विरोधी सीमाओं में से एक के निकट आते हैं; पहली है, जीवन खुद के लिए होना और दूसरी है, जीवन ईश्वर के लिए होना।

•••

आप प्रार्थना करना आरंभ करें, उसके पूर्व स्वयं से पूछें कि इस क्षण आप एकाग्र हो सकेंगे या नहीं, अन्यथा प्रार्थना न करें। जो लोग प्रार्थना को मात्र कर्मकांड या आदत बना देते हैं, वे वास्तव में हृदयपूर्वक प्रार्थना नहीं करते हैं।

•••

यदि आप ईश्वर से मदद माँगेंगे, तो आपको उसे अपने भीतर किस तरह प्राप्त करना है, यह सीखेंगे। वह हमें नहीं बदलता, परंतु उसके निकट जाने से हम अपने आपको ही बदलते हैं। सभी ईश्वर से ही मदद माँगते हैं, मानो उसे हमारी मदद करनी चाहिए; परंतु अंतत: तो हमें ही वह सबकुछ अपने को देना होता है। प्राचीनकाल से यह बात प्रसिद्ध है कि प्रार्थना मनुष्य की आवश्यकता है।

•••

प्रार्थना करने का अर्थ—अनंत अस्तित्व, ईश्वरीय कानूनों को स्वीकार करना और उन्हें याद करना होता है; तथा ऐसा भी होता है कि आप भूतकाल, वर्तमान एवं भविष्य के अपने समस्त कर्मों का मूल्यांकन उन ईश्वरीय कानूनों द्वारा ही करें।

•••

प्रतिदिन किसी एक निश्चित समय प्रार्थना करना हितकारी है। यदि आप अपने विचारों को समेट न सकते हों, तो बेहतर है कि आप प्रार्थना न करें, क्योंकि प्रार्थना सदैव हृदयपूर्वक की जानी चाहिए, केवल जीभ से शब्दों का पुनरावर्तन नहीं करना चाहिए।

•••

ऐसा मत मानें कि आप प्रार्थना द्वारा अपने ईश्वर को रिझाकर खुश कर लेंगे। ईश्वर की शरण में जाने से ही आप उसे रिझा सकेंगे। आप कौन हैं, आपके जीवन का हेतु क्या है, आपको वह याद कराने के लिए ही प्रार्थना है।

•••

एकांत में प्रार्थना करना आवश्यक और श्रेयस्कर है ही, परंतु जब आप समूह में हों तब, जब उत्तेजित या चिढ़े हुए हों, तब भी प्रार्थना करना लाभकारी है—जिससे आप अपनी आत्मा तथा अपने ईश्वर के लिए सोच सकें।

•••

आपके जाग्रत् मन में जीवन के अर्थ की समझ स्थापित हो और आप इस अवस्था का अनुभव जीवन के श्रेष्ठ क्षणों में कर सकें, तो वह वाकई में लाभकारी प्रार्थना कही जाएगी। प्रार्थना को हम आंतरिक औपचारिक धार्मिक सेवा के रूप में समझें—ऐसी सेवा, जिसमें हम उच्चशक्ति से अपने लिए थोड़ी करुणा माँगना और पाना चाहते हैं, यह भ्रांति है। वास्तव में तो अपने सभी कर्मों द्वारा ईश्वर को प्रसन्न करने की हमारी हार्दिक इच्छा—इस सच्ची प्रार्थना का प्राण है, जो सदैव हमारे भीतर होनी चाहिए।

•••

जब मैं कठिन परिस्थितियों का सामना कर रहा होता हूँ, उस समय मैं मदद के लिए ईश्वर की प्रार्थना करता हूँ, परंतु असल में तो ईश्वर की सेवा करना मेरा कर्तव्य है, ईश्वर का कर्तव्य मेरी सेवा करना नहीं है। जैसे ही मैं यह याद करता हूँ, मेरा भार हलका हो जाता है।

•••

आपको प्रत्येक घंटे पर प्रार्थना करनी चाहिए। प्रार्थना का सबसे अधिक आवश्यक तथा सबसे कठिन स्वरूप—जीवन में अनेक विक्षेपों के बाद भी ईश्वर के प्रति, उसके कानूनों के प्रति अपने कर्तव्यों को याद रखना है। आप डर जाएँ, व्यग्र हो जाएँ, शर्मिंदा हों, किसी कार्य में आवश्यकता से अधिक व्यस्त हो जाएँ या किसी कारण से ध्यानभंग हो जाए, परंतु आपको सदैव याद रखना चाहिए कि आप कौन हैं और आपको क्या करना चाहिए, सच्ची प्रार्थना ऐसी होनी चाहिए। यह आरंभ में कठिन है, परंतु समय के साथ आप अभ्यास करके यह आदत डाल सकते हैं।

•••

प्रामाणिक एवं गंभीर विचार का एक घंटा खोखली बातों के पीछे बिताए गए सप्ताहों की अपेक्षा अधिक मूल्यवान् है।

•••

श्रद्धा

हमारे जमाने के तथाकथित विद्वानों में सबसे बेहया कहा जा सके, ऐसा पूर्वग्रह है—वे मानते हैं कि मनुष्य बिना श्रद्धा के जी सकता है।

•••

धर्म और श्रद्धा के बिना जीवन वाकई में पशु-जीवन के समान है।

•••

अत्यंत घमंडी लोग ही ऐसे धार्मिक नियम बनाएँगे, जिनको दूसरे लोगों को यूँ ही स्वीकार कर लेना हो, प्रत्येक को, जिसे अंधश्रद्धा द्वारा किसी चर्चा या संशय के सिवा अपना लेना हो। लोगों को ऐसा क्यों करना पड़ता है?

•••

कैसी विचित्र बात है! कितने ही दुष्ट ऐसे हैं, जो अपने गंदे कर्मों को धार्मिक प्रगति के लिए अपने समर्पण या उनकी उच्च नैतिकता या फिर मातृभूमि के प्रति अपने प्रेम के प्रदर्शन के पीछे छुपाते हैं।

•••

ऐसा सोचना एक बड़ी भूल है कि मनुष्य की आस्था अपरिवर्तनीय है, यह पीढ़ियों के दरम्यान बदलती नहीं। मनुष्य जाति का अस्तित्व जितना लंबा है, उसकी आस्था उतनी ही अधिक सरल और सशक्त बनती है। मनुष्य का धर्म जितना सरल और सशक्त बनता है, हम उतना ही अधिक उत्तम जीवन जीते हैं।

•••

यदि आप ऐसा मानते हों कि धर्म हर समय एक समान ही रहता है और उसे बदला नहीं जा सकता, तो फिर आपको, जब आप छोटे बच्चे थे, उस समय आपकी दादी माँ द्वारा कही गई उन परी कथाओं और प्रसिद्ध कथाओं को भी मानना चाहिए और उन्हें अपने समग्र जीवन के दरम्यान मानना चाहिए।

•••

कोई विचार चाहे ओल्ड टेस्टामेंट या फिर न्यू टेस्टामेंट अथवा कुरान या भारत के दिव्य ग्रंथ उपनिषद् में अभिव्यक्त किया गया हो, केवल इससे वह इसलिए सत्य नहीं बन जाता, क्योंकि जिस ग्रंथ में वह व्यक्त किया गया है, वे पवित्र गिने जाते हैं। यदि हम ऐसा सोचें कि प्रत्येक पवित्र ग्रंथ का प्रत्येक शब्द सत्य है, तो फिर हम मूर्तिरूपी देव ही खड़े कर रहे हैं।

•••

प्राचीन पूर्वग्रह, रीति-रिवाज, परंपराएँ एवं संस्थाएँ, जिन्हें आज विद्यमान ही नहीं होना चाहिए, उनकी ओर से जो भारी अनिष्ट उत्पन्न हुए हैं, उसके हजारवें भाग जितना भी परंपराओं के अनादर से नहीं हुआ है।

•••

कोई भी महत्त्वपूर्ण विचार चाहे, वह जहाँ से भी आया हो, उसकी चर्चा होनी चाहिए; और प्रत्येक विचार, चाहे जिस किसी ने कहा हो, उस पर ध्यान देना चाहिए।

•••

सबसे भयंकर झूठों में से एक झूठ बालकों को गलत धर्म सिखलाने में है।

•••

अश्रद्धालु वह नहीं है, जो किसी व्यक्ति या किसी चीज को मानता है या नहीं मानता; वह है, जो स्वयं जिन बातों को नहीं मानता, उनका प्रचार करता है।

•••

ऐसा मत सोचिए कि आप धर्म के बिना अपनी आत्मा के लिए शांति प्राप्त कर सकते हैं।

•••

यदि आप यह जानते हों कि आपको श्रद्धा नहीं है, तो यह भी जान लीजिए कि आप इस विश्व में उनमें से पहले व्यक्ति हैं, जो सबसे खतरनाक परिस्थिति में हो सकता है।

•••

यदि व्यक्ति को समस्याएँ हैं, तो उनका मूल कारण एक ही हो सकता है—श्रद्धा का अभाव। समग्र मानव-समाज के लिए भी यह बात सच है।

•••

मुक्ति कर्मकांड या किसी निश्चित धर्म-पंथ में नहीं है, परंतु आपके जीवन के अर्थ की स्पष्ट समझदारी में निहित है।

•••

धर्म के बारे में वर्तमान की विकृत, अधम एवं खोटी समझ के कारण हमारी जिंदगियाँ अधर्मियों से भी बदतर हो गई हैं।

•••

विविध वस्तुओं, रीति-रिवाजों और कानूनों को जितना ज्यादा आदर दें, उतना ही अधिक ध्यानपूर्वक आपको उनके लिए यह प्रश्न भी पूछना चाहिए कि ये सभी आदर के पात्र हैं या नहीं?

•••

आज की दुनिया में अधिकांश मामलों में सच्चे धर्म का स्थान जनमत ने ले लिया है। लोग ईश्वर को नहीं मानते, परंतु वे दूसरी अनेक गौण बातों को मानते हैं, जिसे दूसरे लोगों द्वारा सिखाया गया होता है।

•••

लोग दुर्भाग्य से इसलिए नहीं पीड़ित होते कि उन्हें अपने कर्तव्यों का ज्ञान नहीं है, परंतु इसलिए कि उन्हें अपने कर्तव्यों के बारे में भ्रांति है।

•••

कोई भी व्यक्ति अपने जीवन की दिव्यता द्वारा ही ईश्वर को प्रसन्न कर सकता है। बाहर से श्रद्धावान दिखनेवाला व्यक्ति यदि असली जीवन में भला, स्पष्ट और नम्र न हो, तो वह वाकई में बहुत बड़ा झूठ प्रस्तुत करता है और वह ईश्वर की झूठी सेवा करता है।

•••

इस विश्व में दो प्रकार की श्रद्धा है। पहली, लोगों में श्रद्धा; जिसमें दूसरे लोग, जो कहते हैं, उसमें श्रद्धा है, इस प्रकार की श्रद्धा में बहुत विविधता होती है। दूसरी, ईश्वर में श्रद्धा, इस प्रकार की श्रद्धा अटल है और वह सभी लोगों के लिए आवश्यक है।

•••

श्रद्धा आत्मा का आवश्यक गुण है। जो अति प्रसिद्ध हैं, वे बातें कितनी निरर्थक हैं और जो अपरिचित किंतु महत्त्वपूर्ण बातें हैं, वे कितनी महान् हैं, आप उसका अनुभव करें।

• • •

जो लोग ऐसा मानते हैं कि उनके पास श्रद्धा नहीं है, वे गलत हैं। उन्हें या तो उसकी जागृति नहीं है या तो उन्हें वह नहीं चाहिए अथवा वे उसे अभिव्यक्त नहीं कर पाते।

• • •

श्रद्धा एक ऐसी नींव है, जिस पर शेष सब आधारित हैं; वह सभी ज्ञानों का मूल है।

• • •

धर्म ऐसी सरल समझदारी है, जो हृदय को संबोधित होती है और बुद्धि द्वारा समझी जाती है।

• • •

धर्म इसलिए सत्य नहीं है कि उसे संतों द्वारा सिखलाया गया है, परंतु वह सत्य है, इसलिए संतों ने उसे सिखलाया है।

• • •

धर्म वह है, जो व्यक्ति को बताता है कि वह कौन है और वह जिस विश्व में जी रहा है, उसकी प्रकृति क्या है ?

• • •

धर्म, दर्शन के चिंतन-मनन पर प्रकाश डाल सकता है, दर्शन के चिंतन-मनन से धर्म अधिक दृढ़ होता है। इस कारण जो लोग सच्चे धार्मिक हैं और जो वाकई में अच्छे दार्शनिक हैं—चाहे जीवित हों या मृत—उनके साथ संवाद करने की कोशिश करें।

• • •

यदि आपको ऐसा लगे कि समझदारी के रास्ते पर कभी रुक जाना जरूरी है, तो आप सत्य से बहुत दूर हैं। हमें जो जीवन दिया गया है, वह केवल उससे आश्चर्यचकित होने के लिए नहीं, परंतु इसलिए कि हम अपने से गुप्त सत्यों की निरंतर खोज कर सकें।

•••

ई.स. 1682 में, एक डॉ. लेटन, जो इंग्लैंड के प्रतिष्ठित नागरिक थे, उन्होंने बिशप की आलोचना करने वाली पुस्तक लिखी थी। अदालत में उन पर मुकदमा चलाया गया और उन्हें कठोर सजा दी गई। पहले उन्हें खूब निर्दयता से पीटा गया और फिर उनका एक कान काट लिया गया। अभी उनकी पीठ पर के घाव भरे भी नहीं थे, फिर भी थोड़े दिन बाद उन्हें दुबारा पीटा गया, फिर उनका दूसरा कान तथा नाक काट दिए गए। यह सब ईसाई धर्म के नाम पर किया गया था।

•••

वास्तव में धार्मिक विकास को हमें अन्य दूसरी प्रगतियों, जैसे कि वैज्ञानिक-औद्योगिक, विद्वतापूर्ण या कलात्मक के बदले में नहीं रखना चाहिए। ये सभी वैज्ञानिक, विद्वतापूर्ण या कलात्मक प्रगतियाँ धार्मिक पिछड़ेपन के साथ अस्तित्व में हो सकती हैं, जैसा कि हमारे समय में हो रहा है।

•••

यदि आपको ईश्वर की सेवा करनी हो, तो आपको पूर्वग्रहों के खिलाफ संघर्ष के लिए, स्पष्ट एवं शुद्ध धर्म की अधिक अच्छी समझ के लिए और वैसा करके धार्मिक प्रगति के समर्थन में कार्यरत रहना चाहिए।

•••

सच्चा धर्म लोगों को अपनी तरफ इसलिए आकर्षित नहीं करता कि जो उसे मानते हैं, उन्हें वह शुभ का विश्वास दिलाता है, परंतु इसलिए कि बचने का वही एकमात्र मार्ग है; केवल अपने जीवन की सभी समस्याओं, कठिनाइयों और दुर्भाग्यों से ही नहीं, बल्कि मृत्यु के डर से भी।

•••

प्रत्येक धर्म का सार अंततः इस प्रश्न का उत्तर देने में है—"मैं किसलिए जीता हूँ, मेरे अस्तित्व का अर्थ क्या है और मेरे आसपास के अनंत विश्व के प्रति मेरा अभिगम क्या होना चाहिए?" सबसे प्राथमिक या सबसे अर्वाचीन, विश्व में ऐसा कोई धर्म नहीं है, जिसकी ऐसी नींव न हो, जो विश्व की तरफ मनुष्य के ऐसे अभिगम को स्पष्ट कर सके।

•••

सभी धर्मों के केंद्र में अंततः एक ही सत्य है। ईरान के लोग भले तौहिद लटकाएँ, यहूदी भले टोपी पहनें, ईसाई भले गले में क्रॉस लटकाएँ, मुसलिम भले अर्ध-चंद्र अंगीकार करें, परंतु हमें याद रखना चाहिए कि ये सभी तो केवल बाहरी निशानियाँ मात्र हैं। समस्त धर्मों का सार तो अंततः पड़ोसी को प्रेम करने में ही है—मनुफ, जोरोस्तर, बुद्ध, मूझीस, सोक्रेटिस, जीसस, सेंट पोल एवं मुहम्मद—सभी ने यही संदेश दिया है।

•••

धर्मों के बीच के भेदभाव—कितना विचित्र शब्द प्रयोग! भिन्न-भिन्न धर्मों और धर्म को दृढ़ करने के लिए एक पीढ़ी से दूसरी पीढ़ी की ओर संक्रमित ऐतिहासिक घटनाएँ अवश्य ही भिन्न-भिन्न हो सकती हैं; इसी प्रकार भिन्न-भिन्न धार्मिक ग्रंथ भी हो सकते हैं—सूत्र, वेद, कुरान आदि। परंतु धर्म तो एक ही होता है और वह है सनातन—हर समय सत्य होता है।

•••

यदि आप मुसलमान हों, तो जाएँ और ईसाई के रूप में जिएँ; यदि आप ईसाई हों तो यहूदी के रूप में जिएँ, यदि आप कैथोलिक हों तो आर्थोडॉक्स के रूप में जिएँ। आपका धर्म चाहे जो हो, विविध धर्मों के अन्य लोगों को समान आदर दें। उनके साथ बातचीत करते समय अपने भीतर उत्तेजना या रोष न रखें और आप उनके साथ मुक्त रूप से संवाद कर सकें, तो आपने शांति प्राप्त की है। ऐसा कहते हैं कि प्रत्येक धर्म का उद्देश्य एक समान ही है, सभी लोग प्रेम की खोज करें और समग्र विश्व प्रेम का स्थान बने, तो फिर हमें मसजिद और चर्च के बीच भेद की चर्चा क्यों करनी चाहिए?

•••

डरें या हिचकिचाएँ नहीं, परंतु विविध धर्मों और धार्मिक सिद्धांतों का बौद्धिक अध्ययन करें।

•••

मानव जाति की धार्मिक अंतरात्मा अनम्य नहीं है, वह समय के साथ निरंतर बदल रही है, अधिक शुद्ध और अधिक स्पष्ट बन रही है।

•••

मनुष्य सत्य के जितने निकट होते हैं, दूसरों की भूलों के प्रति वे उतने ही अधिक सहिष्णु होते हैं।

•••

जो लोग अपने धर्म की आध्यात्मिक बुनियाद नहीं मानते, जो अपने धार्मिक कर्मकांड के बाह्य आवरण को केवल करने के लिए करते हैं, वे दूसरों के प्रति सहिष्णु नहीं रह सकते।

•••

नास्तिक उतना ही असहिष्णु हो सकता है, जितना कि अधकचरे या अनगढ़ समझ वाला आस्तिक होता है।

•••

सच्चे सत्य और सच्ची श्रद्धा को दुनिया के समर्थन या बाह्य तड़क-भड़क की जरूरत नहीं होती, न तो उसे दूसरों पर बलात् थोपने की जरूरत होती है। ईश्वर के पास समय है, उसके लिए हजारों वर्ष एक के बराबर हैं। जिनको ऐसा लगता है कि उनके धर्म का प्रचार हिंसा या बल से करना है, उन्हें या तो ईश्वर में अथवा खुद में श्रद्धा नहीं है।

•••

हमें एक कठोर और अटल नियम को सदा याद रखना चाहिए, यदि किसी उत्तम ध्येय को बुरे साधन द्वारा ही सिद्ध किया जा सकता हो, तो अंतत: या तो वह ध्येय उत्तम नहीं है अथवा अभी उसका समय नहीं हुआ है।

•••

सच्ची श्रद्धा और सच्चा धर्म ऐसे प्रश्नों के उत्तर देते हैं, जिनके उत्तर बुद्धिमत्ता नहीं खोज सकती, परंतु जो प्रश्न पूछे जाने ही चाहिए।

•••

दिन के दरम्यान आपका आचरण-व्यवहार ऐसा होना चाहिए कि आप रात में शांति से सो सकें; और अपनी युवावस्था में आपको इस तरह आचरण करना चाहिए कि आप अपने बुढ़ापे में शांतिपूर्वक जी सकें।

•••

जो अपने हृदय में ईश्वर को द्वितीय स्थान देते हैं, वे वाकई में उसे कोई स्थान देते ही नहीं हैं।

•••

हमें जो धर्म ईसा मसीह ने सिखाया था, उससे उस धर्म को अलग देखना चाहिए, जिसका विषय ईसा मसीह हैं। उसके बाद ही हम न्यू टेस्टामेंट का सच्चा अर्थ समझ सकेंगे और अनुभव कर सकेंगे।

•••

हम मनुष्य के जीवन का अंतिम उद्देश्य संपूर्ण रूप से कभी भी समझ नहीं सकेंगे। यह संभव है कि निर्माण कार्य करनेवाले किसी राजगीर को उस विशाल इमारत के आखिरी स्वरूप या सामान्य डिजाइन के विषय में पता न भी हो, जिसकी चिनाई वह कर रहा है, परंतु उसे यह पता हो सकता है कि वह कुछ अच्छे के लिए, किसी ऐसी सुंदर या श्रेष्ठ वस्तु के लिए काम कर रहा है, जो उसके स्वयं तथा विश्व दोनों के लिए आवश्यक है।

•••

मानव-धर्म

हम न चाहते हों, तो भी इस अनुभूति से इनकार नहीं कर सकते कि हम समग्र मानव जाति से जुड़े हुए हैं—हम उद्योग, व्यापार, कला, ज्ञान और सबसे महत्त्वपूर्ण, अपनी सामान्य नश्वरता द्वारा एक-दूसरे से जुड़े हुए ही हैं।

•••

यदि आप यह न मानते हों कि आपके जीवन का उद्भव चैतन्य में से हुआ है, तो उसे आप और सब जगहों पर क्यों खोजते हैं, आप ऐसा क्यों सोचते हैं कि वह चेतना आपको दूसरी जगहों से मिलेगी? जो ऐसा आचरण करता है, वह उस मनुष्य जैसा है, जो तेजस्वी सूर्य के प्रकाश में लालटेन जलाता है।

•••

जो आपके ध्यान को विचलित करती हैं, वैसी वस्तुओं से छुटकारा पाने से डरें नहीं—ऐसी सभी चीजें भौतिक हैं, जिन्हें देखा या अनुभव किया जा सकता है। अपने धर्म के आध्यात्मिक हार्द को आप जितना शुद्ध करेंगे, आपका धर्म उतना ही अधिक दृढ़ होगा।

•••

प्रत्येक मनुष्य का अपना कोई जादू होता है। दूसरे लोगों की मदद के बिना कोई मनुष्य जी नहीं सकता। इसलिए हम सबको आश्वासन, सलाह या चेतावनी द्वारा एक दूसरे को सहारा देना चाहिए।

• • •

हमें अपने बालकों को वे सिद्धांत सिखाने चाहिए, जो बौद्ध, मुसलिम, ईसाई, यहूदी इत्यादि सभी धर्मों में सार्व (सामान्य) हैं और वह है, प्रेम की नैतिकता का विज्ञान और सभी लोगों का संगठित होना।

• • •

आपको अपने समाज की कोई भी बात खराब लगती हो और आपको उसे सुधारना हो, तो वैसा करने का मात्र एक ही मार्ग है, आपको लोगों को ही सुधारना पड़ेगा और लोगों को सुधारने के लिए आप एक ही बात से शुरुआत कर सकते हैं, आप स्वयं अधिक अच्छे बन सकते हैं।

• • •

एक धर्म और एक उद्देश्य के बिना समाज जीवित नहीं रह सकता। सभी सामाजिक गतिविधियाँ यदि धर्म पर आधारित न हों तो वे हमारे सामाजिक जीवन को वास्तव में सुधार नहीं कर सकतीं।

• • •

मानव जाति का इतिहास, यह मानवता की ऐक्य के अधिक-से-अधिक समीपतर की जा रही गति है।

• • •

अधिकांश मानव जाति के लिए धर्म एक आदत है या अधिक अचूक ढंग से कहें तो परंपरा या प्रणाली ही उनका धर्म है। भले यह विचित्र लगे, किंतु नैतिक आदर्श की ओर प्रयाण करने हेतु प्रथम कदम आपका जिस धर्म में पालन-पोषण हुआ है, उसमें से मुक्त होना है। ऐसा किए बिना एक भी व्यक्ति आदर्श को नहीं पा सका है।

• • •

धर्म की शिक्षा यानी कि जीवन के उद्देश्य एवं अर्थ का स्पष्टीकरण, यह किसी भी शिक्षा की नींव होनी चाहिए।

•••

स्नेहिल मनुष्य एक-दूसरे की मदद करते हैं, वे ऐसा कर रहे हैं, इसका जिक्र भी नहीं करते, जबकि दुर्जन जानबूझकर एक-दूसरे को हानि पहुँचाने का प्रयत्न करते हैं।

•••

हम एक-दूसरे से भिन्न हैं, हमें ऐसा केवल आभास होता है। किसी विकसित हो रहे वृक्ष पर लगे पुष्प को ऐसा लग सकता है कि उसकी कुछ अलग हस्ती है! परंतु सभी खिलते—विकसित होते पुष्प एक ही वृक्ष के अवयव हैं और वे सभी अंतत: तो एक ही बीज से उत्पन्न हुए हैं।

•••

मनुष्य को एक सेवक बनना चाहिए और किसका सेवक बनना है, उसका चयन उसे करना चाहिए। यदि वह अपने आवेशों का गुलाम है, तो फिर वह दूसरे मनुष्यों का भी गुलाम है, परंतु यदि वह अपने भीतर की दिव्यशक्ति का सेवक है, तो फिर वह मात्र ईश्वर का ही सेवक है। कोई उच्च, श्रेष्ठतर मालिक होना अधिक श्रेष्ठ है। स्वतंत्र विचारक अपने विचारों को सही दिशा दें, उस पर मानव जाति के उद्धार का आधार है।

•••

मानव-निर्मित कानूनों की शरण में जाने से हम गुलाम बनते हैं। ईश्वर द्वारा निर्मित कानूनों के पालन करने से हम मुक्त होते हैं।

•••

व्यक्तिगत अच्छाई एवं व्यक्तिगत दुष्टता, दोनों के पास समग्र विश्व में अच्छाई या अनिष्ट को प्रसार करने की शक्ति है।

•••

मैं कभी भी अपनी व्यक्तिगत मुक्ति न तो खोजूँगा न स्वीकार करूँगा। मुझे केवल अपने तक संतोष नहीं चाहिए; सदैव और जहाँ पर मैं जीऊँ और काम करूँ, मैं विश्व के समस्त लोगों और समस्त जीवों की सार्वत्रिक मुक्ति के लिए ही आशा रखूँगा और प्रयत्न करूँगा, जब तक सभी बचें नहीं और मुक्त न हों, तब तक मैं दुष्कर्मों, उदासी और संघर्षों का यह विश्व नहीं छोड़ूँगा।

•••

मैं इस जीवन को स्वस्थ-प्रसन्न कहता हूँ, जिसमें मैं उनके बीच बिना किसी व्यवधान के, एक के बाद एक, अच्छे कर्म किए जा रहा हूँ।

•••

हम शुभ कार्य तभी करते हैं, जब हम जो कर रहे हैं, उसका उल्लेख न करें, जब हम अपने आपको भूल जाएँ और दूसरे लोगों में ही जिएँ।

•••

जो व्यक्ति अपने व्यक्तित्व को त्याग सकता है, वह सचमुच शक्तिशाली बन सकता है। जैसे ही कोई अपने व्यक्तित्व को छोड़ता है, फिर वह नहीं, परंतु उसके माध्यम से ईश्वर काम करते हैं।

•••

वे जानते हों या न जानते हों, परंतु समस्त जीव एक-दूसरे से इस तरह जुड़े हुए हैं कि उन्हें अलग नहीं किया जा सकता।

•••

मेरा भौतिक जीवन पीड़ा और मृत्यु का पात्र है और मेरा कोई प्रयत्न मुझे पीड़ा और मृत्यु से बचा नहीं सकता। मेरा आध्यात्मिक जीवन न तो पीड़ा का पात्र है, न ही मृत्यु का, इसलिए दुःख और मृत्यु से मुक्ति केवल एक ही बात में है, अपने जाग्रत् 'स्व' को भौतिक से आध्यात्मिक की तरफ मोड़ना।

•••

इस विश्व को समझने का मार्ग अपने आंतरिक 'स्व' को समझना है। प्रेम की मदद से और दूसरों के प्रति प्रेम के सहारे हम अन्य जीवों को समझ सकते हैं—मनुष्य, प्राणी, वृक्ष, पत्थर, सूर्य-चंद्र, ग्रह-तारे इत्यादि; और हम इन सभी वस्तुओं के उनके प्रति अभिगम को समझ सकते हैं और ये सारे अभिगम ही समग्र विश्व को हम जैसा जानते हैं, वैसा बनाते हैं। समझदारी का यह रास्ता प्रेम पर, विश्व के दूसरे जीवों के साथ ऐक्य अनुभव करने पर आधारित है।

•••

नैतिकता का कानून इतना अधिक स्पष्ट और साफ दिखाई पड़े, ऐसा है कि जो लोग कायदा-कानून नहीं जानते, उनके पास भी उसे भंग करने का कोई कारण नहीं है। उनके पास मात्र एक ही रास्ता है, अपनी बुद्धि की अवहेलना करना, जो वे करते हैं।

•••

लोगों द्वारा अपने साथ जिस आचरण की अपेक्षा आप रखते हैं, आप भी उनके साथ उसी तरह का आचरण करें। यही धर्म संहिताओं तथा पैगंबरों की वाणी का सार है।

•••

दो चीजों के लिए मैं जितना अधिक समय देता हूँ, उतना ही अधिक वे मेरे जीवन को निरंतर बढ़ते आनंद से भर देती हैं। पहली वस्तु है, मेरे ऊपर का आकाश और दूसरा है, मेरे भीतर का नैतिक कानून।

•••

दिसंबर

मृत्यु, आत्मा एवं जीवन-रहस्य

•••

एक समझदार व्यक्ति मृत्यु की अपेक्षा जीवन के बारे में अधिक विचार करता है।

•••

आपकी आत्मा का आनंद
आपकी शक्ति की निशानी है।

•••

वाकई में भविष्य का अस्तित्व नहीं है,
वह हमारे द्वारा वर्तमान में सर्जित हुआ है।

•••

समय हमारे पीछे है, समय हमारे आगे है,
परंतु वर्तमान में कोई समय नहीं है।

•••

•••

यदि जीवन अच्छा है, तो जीवन के
अभिन्न अंग-समान मृत्यु भी अच्छी ही है।

•••

जो लोग अस्थायी चीजों में, उनके नाम और शरीरों में, अपने जीवन का कोई
अर्थ नहीं देखते, वे लोग ही जीवन के सत्य को जानते हैं।

•••

खुशी का रहस्य? छोटी-छोटी बातों का आनंद लें।

•••

जीवन में किसी के भाग्य में आकस्मिक संयोग जैसा कुछ भी नहीं है।
मनुष्य अपनी नियति का सृजन स्वयं करता है।

•••

मनुष्य के भीतर मृत्यु का भय वास्तव में उसके अपने दुष्कृत्यों की समझ है।

•••

निरंतर विकास की प्रक्रिया में मृत्यु एक चरण है।

•••

शाश्वतता के विषय में हमारी समझ हमारे भीतर बसे ईश्वर की आवाज है।

•••

कोई मनुष्य अपने जीवन की सही नियति को तभी समझ सकता है,
जब वह अपने आपको इंद्रियजन्य, विषयासक्त, भौतिक विश्व से
मुक्त करने में सफल हो जाता है।

•••

आत्मा के अंदर ऐसा क्या है, जो मर नहीं सकती है,
जिस पर मृत्यु का असर नहीं होता?

मृत्यु

हम जिन मुख्य प्रश्नों का सामना करते हैं, उनमें से एक यह है कि मृत्यु के बाद हमारा जीवन पूरा हो जाता है या नहीं? हम शाश्वतता को मानते हैं या नहीं? उससे हमारे कर्म निश्चित होते हैं, इसलिए यह बहुत महत्त्वपूर्ण है कि हम यह तय करें कि हमारे भीतर मरणाधीन, अशाश्वत क्या है और शाश्वत क्या है तथा जो शाश्वत है, उसकी हृदय से देखभाल करें। अधिकांश लोग ठीक इसके विपरीत करते होते हैं।

• • •

मनुष्य जितना अधिक आध्यात्मिक जीवन जीता है, मृत्यु का उसे उतना ही कम डर लगता है, क्योंकि आध्यात्मिक मनुष्य के लिए मृत्यु का अर्थ होता है, शरीर में से आत्मा को मुक्त करना। ऐसा व्यक्ति यह जानता है कि वास्तव में वह जिससे जीता है, उसका नाश नहीं किया जा सकता।

• • •

हमें मृत्यु के लिए तैयार रहना चाहिए, क्योंकि वह देर-सबेर आनेवाली है। सुंदर जीवन जीने के लिए ऐसा करना उत्तम मार्ग है। यदि आप सुंदर जीवन जी रहे हों, तो आपको मृत्यु से नहीं डरना चाहिए।

• • •

सुकरात ने कहा था कि जिस स्थिति में हम निद्रावश होते हैं, उसे स्थायी बना दिया जाए तो जो स्थिति पैदा होती है, वह मृत्यु है। हम सब इस दशा को पहचानते हैं और उसमें कुछ भी भयंकर नहीं है और जिस तरह बहुत से लोग सोचते हैं, वैसा, यदि मृत्यु यह अधिक उत्तम जीवन की ओर का रूपांतरण है, तो फिर मृत्यु अनिष्ट नहीं, बल्कि आशीर्वाद है।

• • •

आपके सम्मुख ऐसे क्षण आ सकते हैं, जब आप जीवन के आध्यात्मिक परिमाण के अस्तित्व में मानना बंद कर दें। इन क्षणों को अपनी श्रद्धा के विकास के लिए घटनाओं के रूप में देखें। कोई व्यक्ति, जो जीवन की आध्यात्मिक प्रकृति को समझता है, यह संभव है कि वह भी किसी बिंदु पर सामान्य रूप से थोड़े समय के लिए मृत्यु से डरे, जैसे आप थिएटर में कोई दृश्य देख रहे हों और भूल जाएँ कि आप कोई नाटक देख रहे हैं और आप डर जाते हैं, मानो जो आप देख रहे हैं, वह वास्तविक हो! ऐसा ही असल जीवन में भी है—अपने साथ के भ्रामक क्षणों में धार्मिक व्यक्ति भूल जाता है कि उसके भौतिक, शारीरिक जीवन में जो घटित हो रहा है, वह उसके आध्यात्मिक जीवन में हस्तक्षेप नहीं कर सकता। ऐसी अवधि में, जब आपकी स्पिरिट कमजोर पड़ गई हो, उस समय आपको अपने साथ एक बीमार व्यक्ति की भाँति व्यवहार करना चाहिए।

•••

वैसे तो यह सभी को पता है कि मृत्यु लंबे अरसे से हमारी राह देखती खड़ी ही है, फिर भी हम अपनी जिंदगी इस तरह जीते हैं, मानो मृत्यु आनेवाली ही न हो!

•••

आप जीवन को जितनी अधिक गहराई से समझेंगे, मृत्यु द्वारा होनेवाले विनाश का शोक उतना ही कम मनाएँगे।

•••

किसी व्यक्ति को मृत्यु का भय तभी लगता है, जब वह ऐसा समझता है कि वह कभी जनमा ही न था, सदैव उसका अस्तित्व था, अभी भी है और भविष्य में भी उसका अस्तित्व रहेगा ही। कोई व्यक्ति अपनी अमरता में तभी श्रद्धा रख सकता है, जबकि वह ऐसा समझे कि उसका जीवन एक लहर, समय की कोई अवधि नहीं है, बल्कि वह शाश्वत गति है, जो इस जीवन में एक लहर के रूप में आकूत हुई है।

•••

हम सबकी सबसे बड़ी इच्छा सदैव जीवित रहने की है, परंतु जब हम इस शरीर से मुक्त हो जाएँगे, तो फिर वापस नहीं आना चाहेंगे। क्या इच्छा कोई ऐसा बालक है, जो एक बार जन्म लेने के बाद फिर से माँ की कोख में वापस जाना चाहेगा? क्या ऐसा कोई मनुष्य है, जो कैद से छूटने के बाद उसमें वापस जाना चाहे? इसी तरह, किसी व्यक्ति को भी अपने शरीर से मुक्त होने से डरना नहीं चाहिए, यदि वह इस भौतिक जीवन से आवश्यकता से अधिक जुड़ा हुआ न हो।

•••

मृत्यु के बाद क्या होगा, उसकी बहुत अधिक चिंता नहीं करनी चाहिए। स्वयं को दिव्य शक्ति को सौंप दें और उसका उपकार मानें। आप जानते ही हैं कि वह प्रेम ही है, फिर आपको किसका डर लगे? जब ईसा मसीह मरे, तब उन्होंने कहा, "हे परम पिता! मैं अपनी आत्मा को आपके अधीन, हवाले कर रहा हूँ।" जो इन शब्दों को अपनी जीभ से नहीं, हृदय से कह सकते हैं, उन्हें दूसरा कुछ भी करने की जरूरत नहीं है। यदि मेरी आत्मा परमात्मा के पास वापस जाने वाली है, तो वह स्थान श्रेष्ठ ही है, उससे और अधिक सुंदर कुछ हो ही नहीं सकता।

•••

मृत्यु के बाद जीवन कैसा होगा, उसे स्वयं जानता है, ऐसा कोई कह नहीं सकता। हमारी मान्यताएँ तार्किक प्रमाणों पर नहीं बल्कि नैतिक प्रमाणों पर आधारित हैं। इसलिए मैं यह नहीं कह सकता कि ईश्वर का अस्तित्व है और मैं अमर हूँ लेकिन मैं ऐसा कह सकता हूँ कि ईश्वर का अस्तित्व और मेरा 'स्व' अमर है। इसका अर्थ यह होता है कि भगवान् के प्रति मेरी आस्था, मेरे स्वभाव के साथ इतनी प्रगाढ़ता से जुड़ी हुई है कि मुझसे मेरी श्रद्धा को विलग नहीं किया जा सकता।

•••

जो ऐसा मानते हैं कि उनका जीवन जन्म से आरंभ नहीं हुआ है और मृत्यु पर पूरा नहीं हो जाने वाला है, उनके लिए (ऐसा न समझनेवाले या न माननेवालों की अपेक्षा) एक सुंदर जीवन जीना बहुत आसान रहता है।

•••

मृत्यु द्वारा जीवन का नाश नहीं होता, केवल परिवर्तन होता है। शाश्वतता में श्रद्धा हमें ध्यानावस्था में नहीं, जीवन में प्रदान की गई है।

•••

मृत्यु तथा जन्म ये दोनों चरम हैं और कुछ ऐसा ही दोनों के पीछे छुपा हुआ है।

•••

जब आप ऐसा विचारें कि मृत्यु के बाद मेरी आत्मा का क्या होगा, तब आप इस तरह भी विचार करें कि आपके जन्म से पहले आपकी आत्मा का क्या हुआ था? आप कहीं जाने की योजना कर रहे हैं, तो आप कहीं से आए भी हैं।

•••

मृत्यु के बाद हम कहाँ जाते हैं? हम जहाँ से आए थे, वहीं पर लौट जाते हैं। उस प्रदेश में अपना कह सकें, वैसा कुछ है ही नहीं; इसीलिए हमें याद नहीं आता कि वहाँ हमारे साथ क्या हुआ था?

•••

जब मनुष्य सुंदर जीवन जीता है, तब वर्तमान क्षण में वह खुश होता है और इस जिंदगी के बाद क्या होगा, ऐसा वह नहीं सोचता। यदि वह मृत्यु का विचार करता है, तो वह देखता है कि यह जीवन कितनी अच्छी तरह व्यवस्थित है और इसीलिए वह मानता है कि जैसा इस समय है, मृत्यु के बाद भी सबकुछ वैसा ही सुंदर होगा। स्वर्ग के समस्त सुखों की तीव्र इच्छा रखने के बजाय, ईश्वर ने हमारे लिए जो कुछ रखा है, वह बहुत सुंदर ही है, ऐसा मानना बहुत अधिक अच्छा है।

•••

मनुष्य को इस बात पर बहुत अधिक विचार नहीं करना चाहिए कि जीवन पूरा होने के बाद क्या होगा? जिसने हमें इस विश्व में भेजा है, उसकी इच्छा का अनुसरण करें; हमारे मन तथा हृदय में यह इच्छाशक्ति विद्यमान है।

•••

ईसा मसीह द्वारा कहे गए सबसे महान् शब्द उनकी मृत्यु के ठीक पहले कहे गए थे, जब उन्होंने उन पर जुल्म करनेवालों से कहा था—'ईश्वर इन्हें क्षमा करें, ये नहीं जानते कि ये क्या कर रहे हैं!' मृत्यु पा रहे व्यक्ति के शब्दों तथा कर्मों का लोगों पर बहुत अधिक प्रभाव पड़ता है और इसीलिए एक सुंदर जीवन जीना और अच्छी तरह मृत्यु पाना, उन दोनों का महत्त्व है। एक सुंदर मृत्यु खराब जीवन के पापों को भी धो सकती है।

•••

मृत्यु के क्षणों में व्यक्ति एक मोमबत्ती देख सकता है, जिसके प्रकाश में वह समस्याओं, झूठों, अनिष्टों एवं दुर्दैव घटनाओं से भरी जीवन की किताब को पढ़ सकता है और मृत्यु के क्षणों में खूब तेजस्वी तथा निरभ्र प्रकाश द्वारा यह मोमबत्ती समग्र विश्व को प्रकाशित कर देती है। वह व्यक्ति के जीवन के सभी कोनों को प्रकाशित कर देता है; उन कोनों को भी, जो सदैव अँधेरे से घिरे रहे और फिर वह थोड़ी आवाज करता है, प्रकाश बुझ जाता है तथा सदा के लिए अदृश्य हो जाता है।

•••

जब आप मृत्यु के लिए तैयार हों, उस समय सामान्य बातों; जैसे—कर्मकांड या दैनंदिन की बातें आदि के बारे में चिंता न करें। आप सर्वश्रेष्ठ मृत्यु पा सकें, उसके लिए तैयार रहें। मृत्यु के उन शक्तिशाली क्षणों के समस्त प्रभावशाली प्रभावों का उपयोग करें, जब मनुष्य का अस्तित्व आंशिक रूप से दूसरी दुनिया में होता है और उसके शब्द तथा कर्म—जो इस दुनिया में रहते हैं, उन पर विशेष प्रभाव पड़ सकता है।

•••

वह आध्यात्मिक दिव्य चिनगारी, जिसे हम 'आत्मा' कहते हैं, उसे हमारा शरीर मर्यादित करता है, जैसे कोई पात्र अपने भीतर रखे द्रव या गैस को आकार देता है, वैसे ही हमारा शरीर हमारे आध्यात्मिक जीव को आकार देता है। यदि पात्र टूट जाए, तो उसके भीतर पहले रहनेवाले पदार्थ का आकार पहले जैसा नहीं रहता और वह बाहर निकल जाता है। क्या उसे नया आकार प्राप्त होता है? क्या वह दूसरे जीवों के साथ एक होता है? हमें इन सबके बारे में कुछ भी जानकारी नहीं है। मृत्यु के पश्चात् आत्मा कुछ अगम्य, अवर्णनीय बनती है।

•••

मनुष्य की मृत्यु कैसे होती है, यह इस बात से सुसंगत होती है कि उसका जीवन किस प्रकार का है और इसीलिए वह नैतिक कर्म बन सकती है। एक प्राणी यूँ ही मर जाता है, परंतु मनुष्य को अपनी आत्मा सर्जनहार को वापस करनी चाहिए।

•••

यदि आपको इस विषय में दुविधा या शंका हो कि क्या करना है, तब आप ऐसी कल्पना करें कि उसी दिन के अंत में आप मरनेवाले हैं, तो फिर आपकी सारी शंकाएँ अलोप हो जाएँगी। आपकी अंतरात्मा क्या कह रही है, यह आप स्पष्ट रूप से देख सकेंगे। वाकई में आपकी निजी इच्छा क्या है, उसे आप तुरंत ही जान सकेंगे।

•••

जब भी आप पूछें कि आपको इस तरह बरताव करना चाहिए या दूसरी तरह से, तब खुद से पूछें कि यदि आपको पता हो कि आज शाम को आपकी मृत्यु हो सकती है और आप जो करेंगे, उसका पता किसी को नहीं चलेगा, तो आप क्या करेंगे? मृत्यु लोगों को उनके अधूरे काम पूरा करने की प्रेरणा देती है और इन सभी कार्यों में आदर्श एक जैसा ही है, और वह है, ऐसा प्रेम, जो किसी प्रतिदान की अपेक्षा नहीं रखता।

•••

जिस व्यक्ति को तत्काल देहांत-दंड की सजा दी गई है, वह अपनी जमीन-जायदाद बढ़ाने, उज्ज्वल ख्याति प्राप्त करने, एक गुट द्वारा दूसरे गुट पर विजय पाने या नया ग्रह ढूँढ़ने का विचार नहीं करेगा। अपनी मृत्यु के एक मिनट पूर्व कोई मनुष्य दूसरे दु:खी मनुष्य को आश्वासन देने, किसी वृद्ध को उठने के लिए हाथ देकर सहारा देने, किसी के घाव पर मरहम-पट्टी करने या किसी बच्चे के टूटे खिलौने को ठीक करना अधिक पसंद करेगा।

• • •

जीवन ढेर सारे अदृश्य, अगोचर—समझ में न आए, दिखाई न पड़े, ऐसे परिवर्तनों से बना हुआ है। ऐसे परिवर्तन, जो जन्म से आरंभ होकर मृत्यु के साथ समाप्त होते हैं। हम मनुष्यों के लिए इन सबका निरीक्षण करना संभव नहीं है।

• • •

गेहूँ का दाना जब तक जमीन में गिरकर मर नहीं जाता, तब तक अकेले ही रहता है, परंतु यदि वह मर जाता है, तो विपुल फसल होती है। जो अपने जीवन को प्रेम करते हैं, वे उसे खो बैठते हैं और जो अपने जीवन को दुनिया में अप्रिय करते हैं, वे शाश्वत जीवन के लिए उसे सुरक्षित रखते हैं।

• • •

जीवन निरंतर परिवर्तनशील है और केवल अज्ञानी ही वस्तुओं की गहराई में नहीं देखते।

• • •

आप परिवर्तन से इतना अधिक घबराते क्यों हैं? परिवर्तन के बिना इस दुनिया में कुछ भी नहीं हो सकता। केवल एक ही नियम स्थायी रहना चाहिए—दूसरे लोगों के साथ कोई अमानवीय व्यवहार न करें।

• • •

इस विश्व में सबकुछ विकसित होता है, खिलता है और अपने मूल में वापस लौटता है। अपने मूल में लौटने का अर्थ है, प्रकृति से एकात्म सिद्ध करना। प्रकृति से एकात्मकता में शाश्वतता शामिल है। आपके शरीर के नाश हो जाने में कोई जोखिम नहीं है।

•••

हमारी चेतना जिस आकार के साथ एक हुई है, मृत्यु केवल उसी में ही होनेवाला परिवर्तन है। आपके आकार या स्वरूप ने जिसके साथ एकात्म सिद्ध किया है, उसे उलझाना नहीं चाहिए।

•••

जीवन, यह मृत्यु की ओर निरंतर गति है, इसलिए जब मृत्यु अनिष्ट न लगे, तभी वाकई में परम आनंददायक बन सकती है।

•••

जब हम मरते हैं, तब हमारी आत्मा मुक्त हो जाती है।

•••

कई बार हम इस तरह कहते हैं, "मैं वर्षा ऋतु में यहाँ रहूँगा और गरमियों में वहाँ रहूँगा।" पागल व्यक्ति ऐसे ही दिवास्वप्न देखते हैं, क्योंकि वे मृत्यु के बारे में विचार ही नहीं करते। परंतु जब मृत्यु आती है, तब वह सभी लोगों को साथ लेकर जाती है, जो व्यक्ति अत्यंत व्यस्त हैं उन्हें, जिन्हें किसी चीज की चिंता सता रही है उन्हें, जो लोभी हैं, उन्हें और जो गाफिल या शून्यमनस्क हैं, उन्हें भी। जब मृत्यु आएगी, तब आपको आपका पुत्र या आपके पिता, कुटुंब या मित्रगण, कोई मदद कर नहीं पाएँगे। जो समझदार व्यक्ति यह समझता है, वह ऐसी राह खोजता है, जो उसे शांति की ओर ले जाए।

•••

याद रहे, आप इस विश्व में रहते नहीं हैं, आप इसमें से केवल गुजर रहे हैं।

•••

मनुष्य जब इस विश्व में आता है, उस समय हाथ की मुट्ठी बाँधकर आता है, मानो वह यह कह रहा है, "यह पूरा विश्व मेरा है।" जब मनुष्य दुनिया छोड़कर जाता है, तब उसकी हथेली खुली होती है। मानो वह यूँ कह रहा है, "देखिए, मैं अपने साथ कुछ भी नहीं ले जा रहा हूँ!"

•••

जो आध्यात्मिक जीवन जीते हैं, उनके लिए मृत्यु जैसा कुछ भी नहीं है।

•••

आत्मा

आत्मा की प्रकृति इतनी रहस्यमय है कि हम उसे समझने के लिए चाहे जितना घोर परिश्रम करें, उसे कभी भी व्याख्यायित नहीं कर सकेंगे।

•••

व्यक्ति जितना रुढ़िवादी हो और जितना जवान हो, उतना ही अधिक वह यह मानता है कि जीवन भौतिक है और उसके शरीर में ही उसका अस्तित्व है। व्यक्ति जितना वृद्ध एवं समझदार बनता है, उतना ही वह अधिक समझता है कि जीवन का उद्भव अंततः आत्मा में से ही होता है।

•••

याद रखें कि आप मरणाधीन नहीं हैं, केवल आपका शरीर ही नाशवान है। जो जी रहा है, वह आपका शरीर नहीं है, बल्कि आपके शरीर के भीतर आपकी आत्मा जी रही है। उसी तरह कोई अदृश्य शक्ति आपके शरीर को चलाती है, जिस तरह कोई अदृश्य शक्ति इस विश्व को चलाती है।

•••

आत्मा शरीर में जैसे किसी घर में हो, इस तरह नहीं रहती, बल्कि तंबू में— अस्थायी निवास की जगह में हो, इस तरह रहती है।

•••

मृत्यु उस शरीर के अंगों का विनाश है, जिनसे अपने जीवनकाल में मैं अपनी दुनिया को देखता हूँ; जिस शीशे में से दुनिया को देखता हूँ, उस शीशे का नाश है। इस शीशे के नाश का यह तात्पर्य नहीं है कि आँख स्वयं ही नष्ट हो गई है।

•••

व्यक्ति एक मुखौटा है, जो प्रत्येक व्यक्ति के भीतर बसनेवाली दिव्यता को अलग-अलग वेश देता है। कोई व्यक्ति इस व्यक्तित्व को जितना नकारता है, उतनी ही मूलभूत दिव्यता का आविर्भाव होता है।

•••

जो लोग अपने खुद के व्यक्तित्व का इनकार करते हैं, वे ही धर्म की शिक्षा को समझ सकते हैं।

•••

हम इस विश्व के अस्थायी प्रवासी हैं; शिक्षा प्राप्त करने के बाद हमें दूसरी जगहों पर बुलाया जाता है और हम मर जाते हैं। परंतु मनुष्य जाति की सामान्य शिक्षा चलती रहती है, वह अत्यंत धीमी, निरंतर और अखंड होती है।

•••

हम अपने बारे में विचार करने से तभी बाहर निकलते हैं, जब हम अपने बारे में भूल जाते हैं, तभी हम दूसरों से सफल संवाद कर सकते हैं, उन्हें सुन सकते हैं और उन पर प्रभाव डाल सकते हैं।

•••

जब मैं मरूँगा, उस समय दो में से एक ही बात घटित होगी या तो मैं जिसे 'मैं' मानता हूँ, उसका दूसरी वस्तु में रूपांतरण होगा या मैं एक अलग व्यक्ति बनना मिटकर ईश्वर का अंश बन जाऊँगा। दोनों संभावनाएँ अच्छी ही हैं।

•••

मृत्यु के बाद जीवन की आवश्यकता के विषय में आपको तर्क-दलीलें नहीं, स्वानुभव ही विश्वास दिलाएगा, जब आप किसी व्यक्ति के खूब नजदीक, हाथ में हाथ डाले चल रहे हैं और वह व्यक्ति किसी अथाह खाई में कहीं अदृश्य हो जाए, तो वहाँ खाई के सामने खड़े रहें और उसके अंदर झाँकने की कोशिश करें।

•••

इस विश्व में प्रत्येक समय की, लंबाई की, योग्यता की एक निश्चित सीमा होती है, जैसे फल और सब्जी वर्ष की ऋतुओं से मर्यादित होते हैं, उसी तरह सभी चीजों की शुरुआत, उनकी जिंदगी और अंत होना चाहिए, जिसके बाद मृत्यु होनी चाहिए। समझदार मनुष्य स्वेच्छा से इस व्यवस्था की शरण में जाते हैं।

•••

मनुष्य शरीर और आत्मा का बना हुआ है, इसलिए कई बार, विशेष रूप से युवावस्था में, उसे अपने शरीर में अधिक रुचि होती है, परंतु प्रत्येक मनुष्य का आवश्यक भाग उसका शरीर नहीं, आत्मा है। आपको अपने शरीर का नहीं, अपनी आत्मा का ध्यान अधिक रखना चाहिए। समय गुजरने के साथ-साथ आपको यह सीखना चाहिए; और याद रखना चाहिए कि आपका सच्चा जीवन आपकी आत्मा में, आपके अध्यात्म में है। उसे दिन-प्रतिदिन की गंदगी से बचाएँ और उसे हाड़-मांस की देह द्वारा परिचालित न होने दें। अपने शरीर को अपनी आत्मा के अधीन करें, तो आप अपनी नियति को परिपूर्ण कर सकेंगे और सुखी जीवन जी सकेंगे।

•••

मेरे पैरों के नीचे एकदम जमी हुई ठंडी जमीन है; मेरे आसपास विशालकाय वृक्ष खड़े हैं; मेरे मस्तक के ऊपर कोहरे से ढका ठंडा आकाश है। मैं अपने शरीर को अनुभव कर रहा हूँ, मेरा मन कितने सारे विचारों में अटका हुआ है, वह मैं अनुभव कर सकता हूँ और उसी समय मुझे पता चलता है कि ये सारी चीजें, यह ठहरी हुई जमीन और ये वृक्ष तथा आसमान और मेरा शरीर और मेरे विचार, यह सब आकस्मिक रूप से निर्मित हुए हैं, यह कामचलाऊ और अस्थायी विश्व है, जो मेरी पाँच इंद्रियों का सृजन है। मुझमें से उद्भूत इस विश्व का अस्तित्व इसलिए ही है, क्योंकि मैं इसका भाग हूँ और इसीलिए मैं अपने आपको इस विश्व से अलग करता हूँ। मैं जानता हूँ कि मैं मर जाऊँगा, परंतु विश्व अदृश्य हो जानेवाला नहीं है। मृत्यु मेरे अंदर बहुत से परिवर्तन करेगी, हालाँकि मेरा पूर्णतया नाश नहीं होगा, परंतु मैं अन्य जीव बनूँगा, जो इस विश्व से अलग होगा। अब इस समय मैं अपने आपको समझता हूँ, परंतु उस समय मेरे आंतरिक 'स्व' के साथ कुछ अलग ही घटित होगा और ऐसे असीमित जीव हो सकते हैं, जिनका अस्तित्व इस विश्व से अलग होता है।

•••

सच्चे जीवन का अस्तित्व समय और अवकाश से परे होता है, इसलिए मृत्यु इस विश्व में जीवन के स्वरूप को बदल सकती है, परंतु वह जीवन का नाश नहीं कर सकती।

•••

क्या आप ऐसा मानते हैं कि कोई आपकी आत्मा को हानि पहुँचा सकता है ? तो आप इतने अधिक व्यग्र क्यों हैं? जो ऐसा सोचते हैं कि वे मुझे हानि पहुँचा सकेंगे, उन पर मैं हँसता हूँ। उन्हें पता नहीं है कि मैं कौन हूँ, मैं क्या सोचता हूँ, वह उन्हें नहीं पता। जो वाकई में मेरी वस्तुएँ हैं और जिनसे मैं जीता हूँ, उन्हें वे स्पर्श भी कर सकें, यह संभव नहीं है।

•••

किसी भी व्यक्ति या किसी भी चीज से न डरें। आपके भीतर जो सबसे मूल्यवान् वस्तु है, उसे कोई भी और कुछ भी हानि नहीं पहुँचा सकता।

•••

लगता ऐसा है कि हम भिन्न-भिन्न जीव हैं, परंतु अपने आंतरिक जीवन में हम समस्त सजीवों के साथ गाढ़ रूप से जुड़े हुए हैं। समस्त जीवों की एकता को समझने का प्रयत्न करें। सभी सजीवों की मदद करने तथा उनकी पीड़ा से सहानुभूति अनुभव करने की कोशिश करें।

•••

लोगों में एकता ला सके, ऐसी अच्छाई तथा सौंदर्य सब में है; लोगों को विभाजित कर सके, वह अनिष्ट है। सभी लोगों को यह पता है; हमारे हृदयों पर यह दृढ़ रूप से अंकित है।

•••

प्रत्येक उत्तम एवं कल्याणकारी कार्य, प्रत्येक अलाभकर मदद, जो जरूरतमंदों को सहारा देती है, यदि हम उनके स्रोत और मूल को खोजें तो एक रहस्यमय अवर्णनीय बात बन जाती है, ऐसे कार्यों में मदद अंतत: प्रत्येक जीवन की एकता की रहस्यमय समझदारी में से उत्पन्न होती है और अन्य किसी रीति से इसका स्पष्टीकरण नहीं दिया जा सकता।

•••

आपको अपना जीवन इस तरह जीना चाहिए, जिससे आप मृत्यु से डरते न हों, फिर भी उसी के साथ आप मृत्यु पाने की इच्छा न करते हों।

•••

हमें सदैव ऐसी बातों की खोज करने का प्रयत्न करना चाहिए, जो हमें दूसरे लोगों से दूर न करें, बल्कि हमें एक करें। एक-दूसरे के विरुद्ध काम करना, गुस्सा होना और एक-दूसरे की ओर पीठ फिरा लेना यानी प्रकृति के विरुद्ध काम करना।

•••

सभी लोगों का एक ही स्रोत है, वे एक समान कानूनों से बँधे हैं और एक ही उद्देश्य के लिए उनका सृजन हुआ है, इसलिए हम सभी का धर्म एक ही होना चाहिए, हमारे कर्मों का उद्देश्य एक ही होना चाहिए और एक ही ध्वज के नीचे हमें जीना चाहिए और संघर्ष करना चाहिए।

•••

≈ जीवन-रहस्य ≈

जो जीवन देता है, वह जीवन की सभी वस्तुओं में समान होता है। आप तथा सभी जीवों के बीच का विशेष योग, आपकी भावना के साथ, जो भी वस्तु दखल दे, उसे अपने अंदर से बाहर निकाल डालें।

•••

बाहरी विश्व वास्तविकता में जैसा हम देखते हैं, वाकई में वैसा नहीं है और इसीलिए विश्व की सभी भौतिक वस्तुएँ क्षुद्र एवं महत्त्वहीन हैं; तो फिर महत्त्वपूर्ण क्या है? वह वस्तु है, जिसका अस्तित्व सर्वत्र, सर्वकाल एवं सर्वजन के लिए है, वह दिव्य चिनगारी, जो हमारे जीवन का आध्यात्मिक मूल है।

•••

हम जानते हैं कि हमारे जीवन का अस्तित्व यहाँ पर, इस विश्व में ही है; इसलिए यदि हमारे जीवन का कोई अर्थ हो तो वह यहीं, इस विश्व में ही होना चाहिए।

•••

आपका जीवन कठिन है, मात्र इस कारण से मृत्यु की कामना न करें, आपके कंधे पर का सारा भार आपको आपकी नियति की तरफ ले जाने में मदद करेगा। भार से छुटकारा पाने का एकमात्र मार्ग यह है कि आप अपना जीवन इस भाँति जिएँ कि आपके जीवन का अर्थ परिपूर्ण हो।

•••

वर्तमान में ही वास्तव में जीवन को पाया जा सकता है। यदि लोग आपसे यह कहें कि आपको अपना जीवन भविष्य की तैयारी के रूप में जीना चाहिए, तो उसे मत मानना। हम इसी जीवन में जीते हैं, इसी जिंदगी को जानते हैं, इस कारण हमारे सारे प्रयत्न इसी जीवन को सुधारने की दिशा में ही होने चाहिए। इस जीवन को औसतन नहीं, बल्कि आप जीने की जो श्रेष्ठतम रीति जानते हों, वैसे ही प्रति घंटे जीना चाहिए।

•••

जीवन दु:ख भी नहीं है या न ही है मौज-मजा; वे हमारे ऐसे कर्तव्य एवं कार्य हैं, जो हमें अपने जीवन के अंत तक ईमानदारी से परिपूर्ण करने हैं।

•••

यह विश्व, मात्र यही विश्व हमारे कार्यों का स्थान है और हमारी सारी शांति, हमारे सभी प्रयत्न इस जीवन की ओर ही मुड़े होने चाहिए।

•••

सच्चे जीवन का अस्तित्व वर्तमान में ही होता है, भविष्य का कोई अर्थ नहीं है। किसी दिन, कभी, किसी जगह, भविष्य में दूर-दूर के अंतर पर क्या होगा, इसकी चिंता न करें; अभी यहीं, इसी जगह पर क्या हो रहा है, उस पर विचार करें और उस पर अच्छी तरह ध्यान दें।

•••

जैसे ही आप भविष्य या भूतकाल में जाते हैं, तब आप ईश्वर से दूर हो जाते हैं और आप एकदम अकेला, परित्यक्त एवं गुलाम बना हुआ अनुभव करते हैं।

•••

एक ऐसी स्थिति है, जिसमें व्यक्ति अपने आपको अपने जीवन का आर्किटेक्ट अनुभव करता है। जब वह अपने समस्त प्रयत्न और अपनी सारी बुद्धिमानी वर्तमान क्षण पर केंद्रित करता है, तब ऐसा होता है।

•••

हम भूतकाल से पीड़ित होते हैं और हम अपना भविष्य बिगाड़ते हैं, क्योंकि हम वर्तमान की अवगणना करते हैं।

•••

भविष्य जो कुछ सर्वश्रेष्ठ दे सकता है, वे स्वप्न हैं। वाकई में एक ही चीज ऐसी है, जिसका अस्तित्व है—वर्तमान।

•••

कोई भूतकाल या भविष्यकाल नहीं है, इन दो काल्पनिक साम्राज्यों में किसी ने प्रवेश नहीं किया है। वर्तमान केवल एक ही है। भविष्य की चिंता न करें, क्योंकि भविष्य है ही नहीं। वर्तमान में और मात्र वर्तमान के लिए जिएँ; और यदि आपका वर्तमान अच्छा है, तो वह सदा के लिए अच्छा है।

•••

वर्तमान के प्रति सावधान रहें, केवल वर्तमान में ही शाश्वतता को समझ सकते हैं।

•••

यदि आप कठिन समय का सामना कर रहे हैं, यदि आप प्रियजनों की मृत्यु से अथवा भविष्य के बारे में डर से पीड़ित हों, तो याद रखें कि वर्तमान में ही जीवन का अस्तित्व होता है और आप अपने सभी विचारों और स्मृतियों को उसी ओर ले जाएँ। भूतकाल के लिए आपका सारा संताप और भविष्य को लेकर आपकी सभी चिंताएँ अदृश्य हो जाएँगी और आप मुक्ति तथा खुशी का अनुभव करेंगे।

•••

भूतकाल का अस्तित्व नहीं है। भविष्यकाल अभी शुरू नहीं हुआ है। वर्तमान काल समय का अनंत रूप से एक ऐसा बिंदु है, जहाँ जो विद्यमान नहीं है, वह भूतकाल, सिर पर लटके हुए भविष्यकाल से मिलता है। इस बिंदु पर, जो समय से परे है, (उसी में) व्यक्ति के असल जीवन का अस्तित्व है।

•••

"समय बीता जा रहा है!" हम कहते हैं। समय का अस्तित्व होता ही नहीं, हम ही गति करते हैं।

•••

समय अस्तित्व धारण नहीं करता। केवल लघु एवं अनंत वर्तमान है और इसी वर्तमान में ही हमारा जीवन घटित होता है, इसलिए मनुष्य को अपने समग्र आध्यात्मिक बल को इस वर्तमान पर केंद्रित करना चाहिए।

•••

मेरे पास आत्मा एवं शरीर है। समय शरीर पर असर करता है, परंतु आत्मा के जीवन का भूतकाल में या भविष्यकाल में कोई अर्थ नहीं है। उसका संपूर्ण जीवन वर्तमान में ही केंद्रित है।

•••

दिव्य आत्मा शाश्वत है, वह समय के बाहर अस्तित्व रखती है। अनंत समय और अवकाश को छोटे-छोटे, मर्यादित भागों में विभाजित कर दिया जाता है, जिसका मर्यादित जीव उपयोग कर सकें।

•••

हमारे शरीर में आत्मा को इसलिए रखा गया है, जिससे वह तारीख और समय की धारणा को समझ सके। वह इस हकीकत पर विचार करती है और उसे 'प्रकृति' कहते हैं।

•••

जीवन अनंत आनंद बन सकता है और बनना ही चाहिए।

•••

किसी व्यक्ति का दूसरे लोगों के प्रति मैत्रीभाव-रहित अभिगम जीवन को दु:खमय बना देता है—उस व्यक्ति के लिए तथा आसपास के सभी लोगों के लिए भी। मैत्रीपूर्ण मिजाज एवं प्रेममय अभिगम ऐसे तेल जैसे हैं, जिनसे जीवन के पहियों में तेल दिया जा सकता है, जिससे वे अधिक आसानी और सरलतापूर्वक चल सकते हैं।

•••

सभी स्थानों पर मजा न खोजा करें, परंतु वह मिले, इसके लिए सदैव तैयार रहें।

•••

जीवन को आनंदपूर्वक जीने का श्रेष्ठ मार्ग यह है कि आप ऐसा मानें कि जीवन आनंद के लिए ही दिया गया है। जब आनंद अदृश्य हो जाए, तो अपनी ही भूल को खोजें।

•••

बचपन से मृत्यु तक मनुष्यों को, आध्यात्मिक जीवन के अधिक निकट जाने और विकसित होने का प्रयत्न करना चाहिए, भले उनके हिस्से में चाहे जितना जीवन हो। ईश्वर क्या चाहता है, इसे जानने की कामना करें और आपका जीवन मुक्ति तथा आनंद से लबालब भर जाएगा।

•••

अपनी नियति से प्रसन्न रहकर अपना जीवन जीने की कोशिश करें; प्रेम तथा सत्कर्मों द्वारा आंतरिक शांति प्राप्त करने का प्रयत्न करें।

•••

किसी मनुष्य की प्रसन्नता या अप्रसन्नता, उसके पास निजी स्वामित्व की कितनी संपत्ति या सोना है, उस पर आधारित नहीं होती। सुख और दुःख मनुष्य की आत्मा के अंदर हैं। समझदार व्यक्ति प्रत्येक देश में मानो ऐसी निश्चिंतता अनुभव करता है, मानो अपने घर में है। एक उम्दा आत्मा के लिए समग्र सृष्टि ही उसका घर है।

•••

प्रत्येक व्यक्ति दूसरों को जो सिखलाता है, वैसा ही बन जाता है। जो अपने पर विजय प्राप्त करते हैं, वे दूसरों पर विजय प्राप्त करेंगे। अपने आप पर जीत प्राप्त करना सबसे ज्यादा कठिन है। प्रत्येक मनुष्य अपने पर ही वर्चस्व पा सकता है।

•••

अशुभ कर्म करके आप आत्मा को जो हानि पहुँचाते हैं, उसे कोई भौतिक अच्छाई पूर्ववत् नहीं कर सकती। अनिष्ट आचरण करनेवाले दूसरों को हानि पहुँचाने से पहले स्वयं को ही हानि पहुँचाते हैं।

•••

मृत्यु के विषय में समझ एवं जागरूकता व्यक्ति को ऐसी चीजों का चयन करना सिखाती है, जो या तो आदर्श हैं अथवा (जिन्हें) आदर्श बनाया जा सकता है और ये चीजें सर्वाधिक महत्त्वपूर्ण होती हैं।

•••

बचपन की शुरुआत से लेकर जैसे-जैसे हमारी उम्र बढ़ती जाती है, वैसे-वैसे हम अपनी आध्यात्मिक शक्ति के विकास और अपनी शारीरिक शक्ति में ह्रास का अनुभव कर सकते हैं।

•••

जो वृद्ध व्यक्ति अपना आध्यात्मिक जीवन जीते हैं, वे अपने आध्यात्मिक क्षितिज को निरंतर फैलाते जाते हैं और निरंतर अपनी आत्मा का विस्तार करते हैं। जो वृद्ध मनुष्य केवल अपने नित्यक्रम को जीते हैं, वे वर्षों बीतते-बीतते अधिकाधिक मूर्ख बनते जाते हैं।

•••

अध्यात्म के उद्गम स्थान को भौतिक बातों द्वारा समझना संभव नहीं है।

•••

अध्यात्म तथा भौतिकता के क्षेत्रों के बीच का अंतर बालक एवं समझदार व्यक्ति के लिए एक जैसा दिखाई देनेवाला तथा स्पष्ट है। उसके लिए किन्हीं और अनुमानों की जरूरत नहीं है।

•••

कोई व्यक्ति स्वयं को भौतिक या आध्यात्मिक जीव समझ सकता है, जब आप खुद को आध्यात्मिक जीव समझते हैं, तब आप मुक्त होते हैं।

•••

आध्यात्मिक रूप से विकसित हों और दूसरों को भी इसके लिए मदद करें, यही जीवन का अर्थ है।

•••

हम अध्यात्म के क्षेत्र के अस्तित्व में विश्वास रखते हैं या नहीं, यही सभी बातों का मर्म है। सभी लोग दो विभागों में बँटे हुए हैं—जो जिंदा हैं और जो मुरदा हैं; दूसरे शब्दों में कहें तो, जो श्रद्धावान हैं और जो श्रद्धाहीन हैं। कोई नास्तिक कहेगा, 'ये आत्मा क्या होती है?...मैं जो खाता हूँ, मैं जिसका उपभोग करता हूँ, जिसका आनंद लेता हूँ, यही मेरे पास हैं; ये भौतिक हैं और यही वास्तविक हैं!' ऐसा व्यक्ति बिना अधिक सोचे, बाह्य वस्तुओं का ही ध्यान रखता है। वह अपनी ही नीच, अधम बातों की व्यवस्था करता रहता है। वह झूठा, दंभी तथा गुलाम बन जाता है। उसे स्वतंत्रता, सत्य और प्रेम जैसी चीजों की कोई आवश्यकता प्रतीत नहीं होती। ऐसा व्यक्ति विवेक-बुद्धि के प्रकाश से भी दूर रहता है, क्योंकि वाकई में तो वह मृत ही है और यह प्रकाश जीवंत चीजों को ही जीवन प्रदान करता है, मृत वस्तुओं को तो वह सुखाकर सड़ा देता है।

ध्यान शाश्वतता की ओर ले जाने वाली राह है, बेफिक्री मृत्यु की ओर जाने वाला मार्ग है। जो ध्यान-साधना करते हैं, वे कभी मरते नहीं—जो बेफिक्र तथा मजाकिया हैं, वे मुझे मृत्यु की याद दिलाते हैं।

अपने अंदर संपूर्ण मौन स्थापित करने की साधना करें, आपके होंठ और हृदय का संपूर्ण रूप से मौन! फिर आप यह सुन सकेंगे कि ईश्वर आपके साथ कैसे बोलता है और यह जान सकेंगे कि उसकी (ईश्वर की) इच्छा को किस तरह से परिपूर्ण करना है!

～ उपसंहार ～

धर्म, भलाई एवं प्रकीर्ण

सभी धर्मों का आधार एक ही है। प्रत्येक धर्म में जो आध्यात्मिकता है, वही सत्य है।

•••

धर्म ऐसा दर्शनशास्त्र है, जिसे कोई भी मनुष्य समझ सकता है।

•••

समग्र जीव-सृष्टि को प्रेम करना ही मेरा धर्म है।

•••

समग्र मानव-जाति के लिए केवल एक ही सच्चा धर्म है।

जो जीवन देता है, वह जीवन की सभी वस्तुओं में समान होता है।

•••

जो लोगों से डरते हैं, वे ईश्वर से नहीं डरते,
जो ईश्वर से डरते हैं, वे लोगों से नहीं डरते।

•••

आप भलाई के सिवा दूसरी प्रत्येक वस्तु के साथ
लड़ाई में दृढ़तापूर्वक खड़े रह सकते हैं।

•••

न्याय उसके लिए लड़ने से नहीं, प्रेम से प्राप्त होता है।

युद्ध इस विश्व की सबसे खराब, सबसे भयानक बातों में से एक है।

•••

शरीर की बीमारी की तुलना में मन की बीमारी बहुत अधिक खतरनाक है।

•••

जिन लोगों के पास खोने को कुछ नहीं है, वे अत्यंत समृद्ध हैं।

•••

कोई दान सच्चा दान तभी होता है, जब उसमें त्याग समाविष्ट हो।